中小学生
语文学习力提升的
实验与研究

单 良◎著

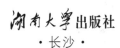

湖南大学出版社
·长沙·

图书在版编目（CIP）数据

中小学生语文学习力提升的实验与研究/单良著. —长沙：湖南大学
出版社，2023.12
ISBN 978-7-5667-3292-7

Ⅰ.①中… Ⅱ.①单… Ⅲ.①语文课—教学研究—中小学
Ⅳ.①G633.302

中国国家版本馆 CIP 数据核字（2023）第 237334 号

中小学生语文学习力提升的实验与研究
ZHONG-XIAOXUESHENG YUWEN XUEXILI TISHENG DE SHIYAN YU YANJIU

著　　者：单　良
责任编辑：尹　磊
印　　装：长沙创峰印务有限公司
开　　本：710 mm×1000 mm　1/16　　印　　张：7.5　字　　数：128 千字
版　　次：2023 年 12 月第 1 版　　　印　　次：2023 年 12 月第 1 次印刷
书　　号：ISBN 978-7-5667-3292-7
定　　价：45.00 元

出 版 人：李文邦
出版发行：湖南大学出版社
社　　址：湖南·长沙·岳麓山　　　　邮　　编：410082
电　　话：0731-88822559（营销部），88649149（编辑室），88821006（出版部）
传　　真：0731-88822264（总编室）
网　　址：http://press.hnu.edu.cn
电子邮箱：779573777@qq.com

前　言

　　义务教育语文课程培育的核心素养，是学生在积极的语文实践活动中积累、建构并在真实的语言运用情境中表现出来的，语文学习的过程其实就是发展核心素养的过程，从这个角度看，研究学生的"学"显得尤为重要。通常意义上，语文课堂学习能力可分为基本能力、优势能力、持续能力和核心能力四个层次。

　　基本能力：指《义务教育语文课程标准（2022年版）》（后简称"2022年版课标"）对学生学习语文的基本要求，具体表现为基础知识、基本技能及基本的方法策略等。

　　优势能力：指在基本能力的基础上逐渐形成的优势能力，是对学生个体发展具备重要意义的能力。这种能力表现为2022年版课标阐述的"积累与整合、感受与鉴赏、思考与领悟、应用与拓展、发现与创新"等五方面能力的均衡发展。

持续能力：指在学习过程中，拥有制定和实行发展核心目标的持续发展能力，它表现为达到核心能力的策略和途径的水平。每个学生的学习特点不同，优势能力不相同，持续能力也是不相同的。

核心能力：指能够持续提供竞争优势的能力，这种能力的建构往往来自以上三个层面能力的自觉、科学整合，是学习者自己所独有的能力，也最能体现语文学习的本质属性。

"语文课程目标"的五个方面，即"积累与整合、感受与鉴赏、思考与领悟、应用与拓展、发现与创新"。其中，"积累与整合"讲的是学习方式，"积累"与"整合"之间不完全是学习方法的并列关系，"积累"更多地表现为基本能力，而"整合"则更多地表现为优势能力；"感受与鉴赏"讲的是想象力、审美力和感受力，这是语文课堂学习的关键能力；"思考与领悟"讲的是与文本对话，领悟内涵，这是语文学习的核心能力，与优势能力也有相关性；"应用与拓展"讲的是运用与发展，这既涉及语文学习的关键能力，也涉及语文学习的核心能力；"发现与创新"讲的是发现问题、培养敏感性，追求思维与表达创新，既涉及优势能力也涉及核心能力。要实现课程目标既要均衡发展，也要有所突破，这样才有可能使学生的能力得到发展。据此，我们要在方法论上积极探索学生学习、生成、发展的内在机制和规律，有效提升学生的阅读力、思维力、探究力和表达力，提高学生的语文素养。

本书围绕六个教学策略对"中小学生语文学习力提升"展开

阐述。

一、通过强化学生学习动机，创设真实学习情境的方式来提升学习兴趣的策略。

二、有效实施"学法指导课"，提升学生自主阅读能力的策略。

三、借助多媒体资源丰富直觉形象，通过逻辑辩证法发展理性，开展专题讨论鼓励发散创新等提升思维力的策略。

四、以建立小组合作探究的机制，设计贴近生活的活动，拓展数字化学习资源等方式来提升探究力的策略。

五、训练口语表达能力，引导并调控学生自由写作来提升表达力的策略。

六、建立多元化评价和过程性评价机制，注重及时反馈形成个性化指导，鼓励学生参与主体评价设计，以此发挥评价效能的策略。

学习动机是学习力的重要组成部分。研究表明，个体的学习动机与其核心素养密切相关。例如，具有批判性思维能力的学生更容易产生自主学习的动机，而具有创造性思维能力的学生更容易产生探索性学习的动机。因此，培养学生的核心素养可以激发其学习动机，从而提升学习力。

学习方法和学习策略对学习力的提升也起到重要作用。研究表明，具有批判性思维能力的学生更善于运用有效的学习方法和策略，如归纳法、演绎法等，从而提升学习效果。此外，具有沟通能力和合作能力的学生更容易通过与他人的交流和合作来获取知识和解决问题，进一步提升学习力。

学习态度也是学习力提升的重要因素。研究表明，具有批判性思维和创造性思维能力的学生更具有积极的学习态度，他们对学习持有开放、探索的态度，更愿意接受挑战和面对困难。因此，培养学生的核心素养可以促进其形成积极的学习态度，从而提高学习力。

综上所述，基于核心素养的学习力提升是一个综合性的过程，需要培养学生的批判性思维、创造性思维、沟通能力、合作能力等核心素养。通过激发学习动机、改进学习方法和优化学习策略，以及培养积极的学习态度，可以有效提升学生的学习力。

目　次

第一章　导　论

第一节　问题提出

一直以来，许多教育专家和一线教师都在研究语文学习的核心素养，借助高效的课堂教学提高学生的语言文字运用能力，从而全面提升学生的语文学习力。在不断的实践研究中，广大语文教师提出并采取许多提高课堂效率和语文学习力的实效性办法，取得了可观的成效，但目前语文教学的大环境依旧存在以下问题。

（1）传统的教育理念深植人心。"义务教育课程标准（2022 年版）"指出，学生才是学习的主体，教师是服务于学生学习的主导者。语文教学的过程应当是教师依据课程标准精心地解析教材，有目的、有计划地引导学生提出问题、思考问题、解决问题，从而达到提高学生的语言文字运用能力，培养学生的自学能力的目的。受传统的应试教育影响，许多教师在语文课堂教学中还是采用以教师为主体"满堂灌"风格的填鸭式教学，把语文教学内容像理科教学内容一样公式化、格式化，以服务于升学考试，缺少"师生互动、生生互动"的民主学习氛围，忽视学生质疑的过程，压制了学生对语文教材的自主学习和独立思考能力的发挥，限制了学生语言运用能力、创新能力和思维能力的发展。

（2）激进式的课堂教学模式。一是教师对 2022 年版课标的教学理念的理解存在偏差，过度关注学生的主体性表现。有的教师力图把学习的主动权交给学生，以完全放手式的民主化来体现学生的主体性，使教师的主导性缺失，为了民主而民主。然而学生并没有这种驾驭课堂的能力，于是在课堂上学生不能有目的性、有计划地针对教学计划展开学习、思考，也就无法提出问题、思考问题、解决问题，最终导致课堂学习目标不明确，教师角色虚化，学生的课堂学习效率降低。二是课堂教学过度表演化以凸显学生课堂思维活跃的氛围。教师设计的课堂活动太多，仅流于表面而并没有服务于有效的课堂学习，最终课堂教学变成以活动为中心而忽视了语文能力的培养，专为活动而活动，并没有服务于语文教学，也没有服务于提高学生的语言运用能力。

（3）缺乏语文知识系统学习方法的整体构建。尽管在日常的语文教学中教师会注重对语文学习方法的指导，但这种教学指导或是局限于某课或某单元的方法指导，或是局限于某学段内的方法指导，没有将整个小学学段，甚至整个义务教育阶段的学习方法指导进行系统性的整合，有较大的随意性。2022 年版课标明确指出："义务教育语文课程培养的核心素养，是学生在积极的语文实践活动中积累、构建真实的语言运用情景中表现出来的。"但在应试教育的大背景下，教师缺少对学生在日常生活实践中学习语文的指导。尽管测试中有综合实践的题型，但教师为提高学生答题的效率和速度，仍一味以刷题为主，在多次的练习中形成固定的答题模式。因此，学生缺乏对生活实践的研究，难以将所学的语文知识与生活实践有机结合，日常的语言文字运用能力也就不能得到有效的提升。

（4）注重结果的"评"，而忽视学生的"学"，"评"与"学"本末倒置。由于受到"以试取才"升学模式的影响，教师们多以升学的测评试卷分析为主，缺乏对教材的深度解析。语文课堂教学服务于"测评试卷"而忽视了教材本身的教学意图和内涵，偏离了教学评价的最终目的——为学生的学习服务，以促进学生语文学习力的提升。以"试"定教、以"试"定学的教学模式与义务教育新课程标准的理念和教学方法本末倒置。

（5）教师对学生的评估机制单一、不及时，存在滞后的现象。首先是评估方式的单一化。教师对学生的语文评估过分地依赖传统的考试，以学生的考试成绩作为评价的中心手段，忽略了对学生的实践能力、创新能力等综合素质的考查。这种单一的评估方式过多地注重学生的考核结果，很难全面地评估学生的学习能力，不利于学生的全面发展，削弱了语文评估的诊断和促进学生学习的功能。其次是评估周期长，评估效果滞后。在现行的教育体制下，教师对学生进行评估的周期较长，通常以学期或学年为周期。这种评估周期导致教师不能及时发现和纠正学生的学习问题，影响教学质量。在传统的评估模式下，教师往往需要花费较长时间来批改试卷、统计成绩等，导致评估结果在反馈给学生时总是滞后的，令学生无法及时在学习过程中了解自己的学习情况，也就不能根据学习评估及时调整学习策略。

（6）教师在课堂教学中注重语文教学的"显性目标"的达成，忽视语文教学中的"隐性目标"的达成。语文课程不仅是综合性、实践性的课程，还具有工具性与人文性统一的特点。可在传统应试教育的影响下，教师过于注重知识与技能的传授和学生分数的提升，实际上秉持的是"一课一得"的教学理念，没有注重语文课程教学内在的人文性。这样的教学模式也割裂了语文知识系统的整体性，学生看似学有所得，实际上却是碎片化、零散化地学习知识，不利于学生建立文化自信和提升语文学习力，更不利于语文学习核心素养的形成与发展。

（7）注重知识的积累和运用，忽视学生思维能力、创新能力的提升和语文对树立正确价值观及培养健康人格的作用。教师在日常的教学中过于注重学生对基础知识的积累，机械式地诵读，特别是对中华传统文化知识，没有借助文言文、古诗词进行深入有效的教学。在日常的教学中以考试评价的结果来探究教学内容，从而削弱了语文教学"育人"的功能性。

（8）从整体的社会层面上看，对学校也大多是以考试结果的好坏、升学率的高低来评价一所学校的优劣。相关部门为了更快、更好地分辨出所在辖区学校整体的办学水平，也是以考试成绩为依据。这就很难摆脱以考试结果作为评价的评估体系，新课程标准中过程性评价和促进性评价就难以落实，学生学习体系的开放性和综合性就难以得到有效的构建，学生整体语文学习力就不能得到全面的提升。

为解决上述问题，本书尝试基于义务教育语文核心素养构建一种以学生为学习的主体，将课堂学习和实践学习相结合，运用多种评估体系增强学生的学习动力，创设真实的学习情境激发学生的内在学习驱力，提升学生的语文学习力的模式。

第二节　研究现状

第一，在义务教育课程标准改革的背景下，新的教育教学理念已经逐步被教师们接受，教师已经能有意识地改变自己在教学中角色的定位，但是角色转变的力度仍有待调整。一是教师的教学中还存在教师讲得多、学生说得少的现象。重视教师的"教"，忽略学生的"学"，导致学生在学习中的思考和交流不足，处在一种被动学习的"满堂灌"状态，学习的主体性没有凸显出来，处于被动接受知识的疲乏状态，对语文学习缺乏兴趣，更别说主动学习、自主探究了。二是为了响应新课改而过分突出学生的主体性，导致教师角色的缺失。在民主化课堂教学中，教师没有很好地引导学生进行有序的自主学习，使课堂学习秩序混乱，课堂的学习目标不明确，表面上看起来高效活跃，实际上却收效甚微。

第二，教师对学生的语文学习力评估还停留在单一的应试评价状态。首先，对学生的学习注重结果性评价，关注知识性评价和技能性评价，几乎没有对学生的学习过程进行量化评估。其次，没有借助多元化的评价体系来激发学生的语文学习兴趣，多方面分析学生的语文学习力。没有重视学生的自我评价机制，激励学生进行自我学习反思，在反思中促进内省，从而提升语文学习力。最后，在大数据时代，对学生的语文学习力评价没有与时俱进，存在明显的滞后性，这种落后的结果性评价机制也不能满足学生自身学习能力的发展。

第三，语文教学突破传统模式，尝试与国际化大形势接轨。在全球化的背景下，跨文化的沟通和传承也成了语文教学的重要任务。学生的学习能力不再仅仅局限于书本上的教学内容，更要开拓视野，关注时事新闻，还要有深厚的传统文化底蕴。而教师的课堂教学依旧只专注于语文课本的知识和技能教学，学生的学习视野没有得到拓展，也没有在传承优秀传统文化中提升学生的语文能力素养。

第四，学生内在的语文学习力没有得到充分的凸显。义务教育语文课程培养的核心素养，是学生在真正的语文实践活动中积累、构建并在真实的语言运用情境中体现出来的，是文化自信和语言运用、思维能力、审美创造的综合体现。在教学中，教师更多地注重学生对课本知识与技能的学习，以便在考试中取得好成绩，忽视学生在生活实践中的运用，学生的语文能力和审美创造能力不能得到有效的发展。

因此，本书立足于语文的核心素养，尝试从不同的角度去探索语文学习的策略，关注学生的学习过程，以及建立多元化的评价机制，将方法、过程、评价机制有机结合，从而提升学生的语文学习力。

第三节 创新之处

在义务教育课程标准改革的背景下，语文教学不再仅仅关注知识的积累和技能的训练，而是更加关注学生的全面发展，培养、发展学生的语言运用能力、思维能力和创新能力，提升文化自信。本书的创新之处主要体现在以下几点。

（1）研究方法的创新。本书立足于核心素养，在语文学习上更加关注学生内在学习动机，在教学中创设真实的语文学习情境，激发学生的语文学习内驱力。关注学生的个性发展，教师根据学生的兴趣、特长、需求，有针对性地制定个性化的学习计划和学习策略，关注每一个学生的语文学习力的发展。

（2）研究视角的创新。首先，本书以学生的语文学习力为研究主题，从以往的关注教师的"教"转为重点关注学生的"学"，不仅关注学生课堂上的学习行为，还关注学生课后的学习延伸；不仅关注学生知识与技能的学习，还关注学生价值观的形成和语文学习力的提升；既把握住了语文的"显性教学目标"，也落实了语文的"隐性教学目标"。其次，利用网络的信息数据平台如"问卷星""智学网"等，将学生的学习过程数据化，重视对学生学习过程的跟踪，纠正并改进学生的语文学习行为。

（3）研究过程和评价机制的创新。本书关注学生的语文学习过程，注重研究的同步性。以教师为主导、学生为主体，观察学生语文学习的过程，既注重课堂教学过程的研究，也注重课后学生自主学习能力的研究，多方面剖析学生内在的语文学习力。由单一的对学生课堂学习行为、学习能力的评估，转化为师生共同对学生语文课堂学习能力的评价，以及学生自主学习的自我反思和评价，帮助学生准确把握自己的语文学习力所处层级，及时优化自己的学习策略，提升语文学习力，促进语文核心素养的发展。

第四节　核心素养理念下提升语文学习力的社会要求和学科要求

在义务教育课程标准改革的背景下，提升语文学习力不仅是学生的个人需求，更是社会和学科的要求。语言文字是人类社会重要的交际工具和信息载体，是人类文化的重要组成部分。社会对提升语文学习力的要求，不仅包括传承优秀传统文化、提升学生的文化自信、提高国民素质和适应社会发展的需要，也包括学科本身对提升语文学习力的要求，包括积累语文基础知识，提升语言文字运用能力、语文思维能力、审美创造能力的需要。

一、社会要求

首先，培养语文学习力是提升国民文化自信的需要。文化自信有助于学生增强对中华文化的认同感。语言文字的学习与运用，能够继承并弘扬中华优秀的传统文化、革命文化、社会主义先进文化，引导学生树立文化自信。

其次，培养语文学习力是提高国民素质的硬性要求。"素质"是指人们先天自然的以及经过后天环境的影响而形成的特点和品性，具有很强的发展性、可塑性。为了适应新时代建设的需要，素质教育已经是我国教育改革的大趋势。因此，提升学生的语文学习力，培养学生语文素养，在学习实践过程中使学生学会生存，学会做人，形成正确的价值观、人生观、世界观，能够让学生更好地适应社会的发展，开创更加美好的未来。

二、学科要求

语文是一门学习语言文字运用的综合性、实践性课程。要想灵活运用语言文字，学生就必须掌握一定的语文基础知识，并在此基础上具备积累能力、阅读能力、探究能力和表达能力。只有这样，才能更好地提升学生的审美水平和创造力。

另外，义务教育阶段的语文课程应使学生初步学会运用祖国语言文字进行交流沟通，吸收古今中外优秀文化，提高思想文化修养，促进自身精神成长。工具性与人文性的统一，是语文课程的基本特点。语文学科有很强的实践性，同时又具有丰富的人文内涵。只有将二者有机地结合在一起，才能全面提升学生的语文学习力，从而达到全面提高学生语文素养的目的。

第五节　语文课堂学习的共性和个性

一、语文学习的共性

（1）语文学科基础知识的学习。语文学科的基础知识包括字词、语法、修辞等方面的内容。学生需要通过常规的课堂学习，掌握这些基础知识，形成扎实的语文功底，才能更好地提升阅读能力、表达能力、思维能力。

（2）基本技能的训练。语文课堂学习的基本技能包括听、说、读、写等方面的能力，即阅读力、思维力、探究力、表达力。学生除了需要在课堂上进行系统的训练，如通过阅读理解、写作训练和口语表达等活动提高自己的语文综合素养外，还要在日常生活实践中灵活运用。

（3）情感态度价值观的培养。语文课堂学习不仅仅是知识和技能的传授，还应注重对学生的情感态度和价值观的培养。通过课堂学习，引导学生树立正确的世界观、人生观、价值观，培养学生的人文素养、审美情趣和道德品质，落实"立德树人"的教学要求。

二、语文学习的个性

（1）学生都是独立的个体，课堂教学不能只注重教师的"教"而忽视学生的"学"。每一个学生都是独立的个体，因此尊重学生的个体差异在语文课堂学习中尤为重要，教师要时刻关注学生的个体差异，因材施教，使每个学生都能使用适合自己的学习方式并获得发展。

（2）关注学生的兴趣和特长。教师要关注学生的兴趣和特长，激发学生的学习热情，将学生的兴趣和特长与课堂学习内容相结合，提高学生的学习积极性。

（3）满足不同学生的学习需求。教师要根据学生的学习需求，设计多样化的教学活动，提供丰富的学习资源，采用多元化的评价方式，满足不同学生的学习需求，促进每个学生的发展。

第二章　基于核心素养的语文学习力提升的策略研究

　　学习力是衡量学生学习的重要指标，它是一个复杂的综合概念。国内外教育领域对学习力内涵的定位主要有能量观、品性观、素质观、能力观四种。其中，能力观认为，学习力是通过获得与运用知识最终改变工作和生活状态的能力或者动态能力系统。有专家指出："学习力是在有目的的学习过程中，以听、说、读、写、交流等渠道获得知识技能的学习为基础，通过实践、体验、反思、环境影响等途径进行的学习力提升，达到产生新思维、新行为的学习效果为目的的动态能力系统。"学习力不是孤立的，它必须融入学习活动，融入教师的学科教学和知识传授过程中。

　　2022 年版课标指出，义务教育语文课程培育的核心素养，是学生在积极的语文实践活动中积累、建构并在真实的语言运用情境中表现出来的，是文化自信和语言运用、思维能力、审美创造的综合体现。语文学习的过程其实就是发展核心素养的过程，从这个角度看，研究学生的"学"显得尤为重要。积极探索学生学习、生成、发展的内在机制和规律，有效提升学生语文学习力，有助于更好地达成课程目标。基于能力观视角，本书结合 2022 年版课标对语文学习的要求，对语文学习力要素进行阐释。

第一节 理论依据

一、人本主义学习理论

人本主义学习理论是由美国心理学家马斯洛和罗杰斯提出的，他们都是人本主义心理学的重要代表人物。该理论主张将人作为一个整体来研究，关注人的高级心理活动，如热情、信念、生命、尊严等内容。

这是一种以人为中心的教育理念，强调个体的自我实现和全面发展。这一理论认为，每个人都有自己的潜能和价值，教育的目标应该是帮助学生发现和发展这些潜能，实现自我价值。他们认为学习不应该仅仅是为了获取知识，而应该是一个自我发现和自我实现的过程。这种理念强调学生的主动性和创造性，鼓励他们积极参与学习，而不是被动地接受知识。

在人本主义学习理论中，马斯洛和罗杰斯都强调了全人教育的重要性，认为应注重激发学习者的经验和创造潜能，引导其结合认知和经验肯定自我，进而实现自我。同时，他们着重研究如何为学习者创造一个良好的环境，让其从自己的角度感知世界，发展出对世界的理解，达到自我实现的最高境界。

在人本主义学习理论中，教师的角色也发生了变化。他们不再是知识的传授者，而是学生学习的引导者和协助者。他们的任务是创造一个有利于学生自我发展的学习环境，激发学生的学习兴趣和动力，帮助他们解决学习中遇到的问题。此外，人本主义学习理论还强调个体差异的重要性。每个学生都是独一无二的，他们有自己的学习风格和节奏。因此，教育应该尊重学生的个性，提供个性化的学习路径和支持。

此外，罗杰斯还提出了"有意义的自由学习"观，他认为学生学习主要有两种类型——认知学习和经验学习；学生学习的方式有两种——无意义学习和有意义学习。他主张以学生经验生长为中心，以学生的自发性和主动性为学习动力，把学习与学生的愿望、兴趣和需要有机地结合起来。

总的来说，人本主义学习理论是一种以学生为中心，注重个体自我发展和全面成长的教育理念。它为我们提供了一个全新的视角来理解和实践教育，对于提高教育的质量具有重要的指导意义。

二、建构主义学习理论

建构主义学习理论是在皮亚杰和布鲁纳的认知主义思想基础上的进一步发展，也是我国基础教育课程改革的重要理论基础。这一理论为建构主义思想的发展提供了巨大的推动力。

建构主义学习理论认为，学习本质上是学习者主动构建心理表征的过程。与传统的简单知识接受不同，学习者的学习是基于已有的经验，通过与外部世界的相互作用来主动构建新的理解和心理表征。这种学习过程强调学习者根据自己的经验背景，主动选择、加工和处理新知识，从而构建自己的知识结构。

因此，在教学中，教师不能仅仅向学生单向传递和灌输知识，而应该引导学生从原有的经验出发，通过与学习共同体的社会互动来建构自己的学习。教师需要了解学生的学情，将学生原有的经验纳入教学过程，并引导学生自主地从原有经验中建构学习，从而"生长"出新的知识经验。只有学生自己主动建构的学习才能真正被他们理解和接受。

为了提升学生的学习能力，教师应该培养学生主动建构的学习意识和习惯。这可以通过反思和自我纠错等方式来实现。学生在已有的经验中不断建构和提升自己的学习力，才能更好地促进学习力的发展。

总之，建构主义学习理论为我们的教学实践提供了一些理论和方法上的指导。它强调学习者的主动性和经验基础，鼓励学生通过与社会互动来建构自己的学习。通过培养学生的主动建构意识和习惯，我们可以更好地促进学生学习力的发展。

三、成就归因理论

成就归因理论是一种心理学理论，它主要研究人们如何解释和理解自己的成功或失败。这个理论认为，人们对自己行为结果的归因会影响他们的情绪、动机和行为。归因是学生对他人或自己的学习行为的原因作出解释或推测的过程。成就归因理论的形成和发展，主要是韦纳结合海德的归因理论和阿特金森的成就动机理论，尝试用归因解释成就动机，从个体成功的归因方面出发，探讨行为与归因之间的关系。韦纳从内在性、可控性和稳定性三个维度，以及能力、努力、任务难度和运气等八个因素界定个体成败的归因。韦纳结合海德的归因理论和阿特金森的成就动机理论，提出了一种综合的理论框架。这一理论框架旨在解释人们在面对不同情境时的行为和动机。

首先，海德的归因理论认为，人们对于自己和他人的行为会进行归因，即将行为的原因归结为内部因素或外部因素。内部因素指的是个体自身的特点和能力，而外部因素则是环境和其他因素的影响。根据海德的理论，人们倾向于将成功归因于内部因素，而将失败归因于外部因素。这种归因方式会影响个体的动机和行为，因为成功归因于内部因素会增加个体的自信心和动机，而失败归因于外部因素则可能导致个体沮丧，失去动力。

其次，阿特金森的成就动机理论强调个体在追求成就时的动机差异。他认为，个体的动机可以分为两种类型：避免失败的动机和追求成功的动机。避免失败的动机是指个体为了避免失败而努力，他们更关注避免负面结果而不是追求正面结果。相反，追求成功的动机是指个体为了获得成功而努力，他们更关注追求正面结果而不是避免负面结果。阿特金森的理论认为，个体的动机类型会影响他们的行为选择和努力程度。

基于海德的归因理论和阿特金森的成就动机理论，韦纳提出了一种综合的理论框架。他认为，个体在面对不同情境时，会根据海德的归因理论对行为进行归因，并根据阿特金森的成就动机理论选择相应的动机类型。例如，当个体面临一项有挑战性的任务时，如果他们认为成功归因于自己的能力和努力，并且具有追求成功的动机，他们可能会更加积极地付出努力并寻求成功。相反，如果他们认为失败归因于外部因素，并且具有避免失败的动机，他们可能会采取保守的策略以避免失败。

总之，韦纳结合海德的归因理论和阿特金森的成就动机理论，提出了一种综合的理论框架，用于解释人们在不同情境下的行为和动机选择。这一理论框架有助于我们更好地理解个体的行为动机和归因方式，从而在实际生活中做出更明智的决策。学生的学业成败归因不同，对他们的学习动力产生的影响也就不同，从而影响后继的学习行为，所以成就归因理论是学生学习动力的一个重要理论基础。为了提升学生的学习力，应该首先关注学生的学习动力，帮助学生积极、正确地归因。

四、自主学习理论

自主学习理论是一种关于学习过程和学习方法的理论，它强调学生在学习过程中应该具有主动性、自我调节能力和自我评价能力。这种理论认为，学生的学习不应该仅仅依赖于教师的教导，还应该通过自己的努力和探索来获取知识和学习技能。

自主学习理论的核心观点是，每个学生都是一个独立的学习者，他们有自己的学习目标、学习兴趣和学习方式。因此，教师的角色应该是引导者和支持者，而不是单纯的知识灌输者。教师应该帮助学生培养自主学习的意识和能力，提供适当的学习资源和环境，激发学生的学习兴趣和动力。

在自主学习理论的指导下，学生可以通过多种方式进行学习。例如，可以通过阅读书籍、观看视频、参加讨论等方式获取知识；可以通过实践操作、解决问题、合作学习等方式提高技能；可以通过反思、总结、评价等方式增强学习效果。

自主学习理论强调，学生应该对自己的学习负责，对学习的过程和结果进行自我评价。这不仅可以帮助学生了解自己的学习情况，发现自己的学习问题，还可以培养学生的自我调节能力和自我激励能力。

总的来说，自主学习理论是一种以学生为中心的学习理论，它鼓励学生积极参与学习过程，通过自主学习和自我评价来增强学习效果。

第二节　相关概念界定

一、核心素养

语文核心素养是一种以语文能力为核心的综合素养，涵盖多个方面的内容。首先，在语言建构与运用方面，学生需要掌握语言文字的基础知识和技能，能够在实际生活中运用语言文字进行有效的交流和表达。这包括对词汇、语法、修辞等方面的理解和运用能力，以及写作、口语表达等实际运用的能力。

其次，思维发展与提升是语文学科教育的重要目标之一。通过语文学习，学生可以培养自己的思维能力和创新精神，提高他们的逻辑思维和批判性思考的能力。语文学科教育注重培养学生的思辨能力，使他们能够独立思考、分析问题、解决问题，并具备创新思维和创造力。

再次，审美鉴赏与创造也是语文学科核心素养的重要组成部分。学生需要具备基本的艺术鉴赏能力和艺术创作能力，能够欣赏和理解文学作品中的美，同时也能够通过创作表达自己的情感和思想。语文学科教育旨在培养学生的审美情趣和审美能力，使他们能够欣赏和创造美的作品。

最后，文化传承与理解是语文学科教育的重要任务之一。通过学习语文，学生可以了解中华优秀传统文化，增强对中华文化的认同感和自豪感，并能批判性地思考和传承文化。语文学科教育注重培养学生的文化意识和文化自信，使他们能够批判性地传承和发扬中华文化的精华。

此外，从更广义的角度来看，语文核心素养还包括"文化自信""语言运用""思维能力"和"审美创造"等方面。这些方面的素养相互关联，共同构成了学生的综合素质。而从课程标准来看，核心素养是学生通过学科学习而逐步形成的正确价值观、必备品格和关键能力，是育人价值的集中体现。通过语文学科教育，学生不仅能够提高语言表达能力，还能够培养思维能力、审美能力和文化意识，从而全面发展自己的核心素养。

二、学习力

学习力是指一个人在学习过程中所具备的能力，包括学习动力、学习毅力和学习能力等。

1. 学习动力

学习动力是人们在学习过程中所具备的内在驱动力，它能够帮助人们克服困难、保持专注并且持续不断地前进。对于每个人来说，学习动力的来源和形式都是不同的，但无论是哪种形式，都对个人的学习和发展起着至关重要的作用。

首先，内在的学习动力是最强大的一种力量。当一个人对自己的未来有清晰的目标和计划时，就会为了实现这些目标而努力学习。这种内在的动力可以激发人们的潜能，让他们在学习中不断超越自我。此外，好奇心也是内在动力的一种表现。当人们对某个领域充满好奇时，他们会主动地去探索和了解，从而获得更多的知识和技能。

其次，外在的学习动力也是非常重要的。例如，来自家庭和社会的期望、奖励机制等都可以成为人们学习的外在动力。当家庭和社会对个人的学习能力和成绩给予肯定和表扬时，人们会感到自豪和满足，从而更加积极地投入到学习中去。此外，一些外在的困难和挑战也会激发人们的斗志和勇气，让他们更加努力地去克服困难，取得成功。

最后，培养良好的学习习惯也是提高学习动力的关键所在。在规律的学习时间和地点进行学习可以帮助人们养成良好的习惯，从而更容易进入学习状态。同时，制定明确的学习计划和目标也可以让人们更加有条理地进行学习，避免拖延和浪费时间。此外，与他人一起学习和交流也是一种很好的方式，可以激发学生的学习热情和动力。

2. 学习毅力

学习毅力，不仅仅是指一个人在学习过程中的坚持和不放弃，更是一种对知识的渴望、对成功的追求和对未来的规划。

首先，学习毅力是每个人在学习过程中都需要具备的品质。无论是在学校还是在社会中，我们都会遇到各种各样的困难和挑战。有时候，这些困难和挑战会让我们感到沮丧和无助，甚至想要放弃。但是，正是这种坚持不懈的学习毅力，让我们能够在困境中找到出路，继续前行。

其次，学习毅力是对知识的渴望。在这个知识量呈爆炸式增长的时代，我们需要不断地学习和更新我们的知识库，以适应社会的发展。而这种对知识的渴望，就是我们学习的动力。只有具备这种动力，我们才能够在学习的道路上不断前进，不断提高自己。

最后，学习毅力也是对未来的规划。在我们的生活中，很多事情是我们无法预测的。但是，我们可以通过对学习的坚持和毅力，为自己的未来做好准备。通过学习，我们可以提高自己的能力，扩大自己的视野，为自己的未来创造更多的可能性。

3. 学习能力

学习能力是指一个人在学习过程中所具备的能力，包括获取、理解、应用和创新知识的能力。它是人们在学习中不断成长和发展的基础，也是适应不断变化的社会环境和职业需求的关键所在。学习能力的提高需要从多个方面入手。例如，注重基础知识的学习和掌握；培养良好的学习习惯和方法；多角度思考问题，更全面地理解和解决问题；培养批判性思维能力，更好地分析和评估信息；培养创造性思维能力，发现新的问题和解决方案；等等。这些方面都需要个人通过不断的练习和实践来提高和完善。

总之，学习能力是一个人在学习和成长过程中必不可少的因素之一，是实现终身发展的重要基础。只有具备了良好的学习能力，才能够在面对各种挑战和困难时保持积极的态度和持久的动力，适应不断变化的社会环境和需求，最终实现自己的目标和梦想。

三、语文学习力

语文课程是一门学习国家通用语言文字运用的综合性、实践性课程。听、说、读、写是形之于外的显性言语行为，支配这些行为的知能因素是语文知识、言语技能和语文思维等。听、说、读、写既是知识获得的渠道，又是表达力的直接表现，而表达力的提升又有赖于阅读力、思维力、探究力的提升。

基于能力观视角，结合 2022 年版课标对语文学习的要求，下文对语文学习力要素进行阐释并尝试提出提升策略。阅读力、思维力、探究力、表达力是语文学习力的四个构成要素，既紧密关联又互相促进。若想提升学生的语文学习力，则应做到：促进主体参与，从"掠影"走向"沉浸"；关注学习品质，从"浅表"走向"深度"；指导有效建构，从"占有"走向"存在"。"双减"政策的落地与 2022 年版课标的推出，促使我们重新审视语文教学。

1. 阅读力

阅读力是指一个人在阅读过程中所具备的能力，包括理解、分析、评价和应用文本信息的能力，是人们在学习、工作和生活中获取知识和信息的基础，也是提高个人综合素质和竞争力的重要途径之一。要提高阅读力，需要从多个方面入手。首先，要注重词汇量的积累和语言表达能力的提高。只有掌握了足够的词汇量和较强的语言表达能力，才能够更好地理解和应用文本信息。其次，要培养良好的阅读习惯和方法，这能帮助人们更容易进入阅读状态。同时，制定明确的阅读计划和目标也可以让人们更加有条理地进行阅读，提高阅读效率。此外，与他人一起阅读和交流也是一种很好的方式，不仅可以对自己的阅读所得进行查漏补缺，还可以激发阅读兴趣和动力。

2. 思维力

思维力是一个复杂而多维的概念，它包括理解力、分析力、综合力、比较力、概括力、抽象力、推理力、论证力、判断力等能力。这些能力相互交织，共同构成了我们处理信息、解决问题和做决策的基础。

培养思维能力是一个长期和持续的过程，我们需要明确自己的学习目标和计划，以便更有针对性地进行训练。

3. 探究力

探究力是指人们探索、研究规律和解决问题的一种综合能力。在信息时代，人们的语言生活发生了变化，学习资源也更加丰富，学生所面临的生活问题变得更加复杂。因此，学生需要关注当代社会文化生活，积极参与各类文化活动，并运用所学知识解决实际问题。在这个背景下，探究力的发展显得尤为重要。

探究力主要体现在观察感知能力、搜集整理能力和组织策划能力上。2022年版课标将"梳理与探究"作为四大语文实践活动之一，并提出了明确要求。其中，"观察字形""观察大自然"和"观察社会"强调引导学生通过观察感受汉字之美、自然之美，以及感知生活的方方面面；"梳理学过的字""分类整理学过的字词"和"初步运用多种方法整理和呈现信息"则强调引导学生在搜集与整理的过程中发现汉字规律，提高信息整理能力；而"热心参加校园、社区活动""学习组织有趣味的语文实践活动""策划简单的校园活动和社会活动"以及"开展专题探究活动"则强调引导学生主动参与当代文化生活，增强社会责任意识，提高发现与解决问题、恰当作出价值判断的能力。

4. 表达力

思想是需要被表达出来的。思想与表达，两者互相依存、辩证统一。如果一定的思想内涵与相应的表达形式之间达成了和谐相称的积极效应，就会形成表达力与思想力辩证统一的合力。一般而言，高尚、深刻和卓越的思想力往往存在于完美鲜活、严谨缜密的表达力之中。然而，我们也需要认识到，真正产生震撼力效应的外显的表达力，不是表达形式分外亮丽或者表达内容特殊唯美，而一定是崭新的思想内涵与完美的表达形式两者之间的统一——这才是表达力的最高境界。因此，真正的表达力将会释放出思想的巨大潜力及其广泛的感召力。正如德国语言学家洪堡特的著名论断所阐述的那样：

"民族的语言即民族的精神，民族的精神即民族的语言，两者的同一程度超过了人们的任何想象。"优质的汉语表达力最终必然通往中国文化与中华民族精神的伟大创造，并且将为全面建设社会主义现代化国家带来不可估量的价值增长。培育洋溢着丰富美感的汉语表达力，使之持续趋向生动、勃发和理性的思想创造境界，这是中华文化兴旺繁荣的固本之举，也是新时代实施文化强国战略的一条深具中国特色的发展路径。

第三节　研究方法

一、文献法

文献法，又称历史文献法，是一种科学研究方法，主要指搜集、鉴别、整理与研究领域相关的文献资料，通过对这些文献资料进行研究以形成对事实的科学认识，基本步骤包括文献搜集、摘录信息，以及文献分析。在本研究中，文献法主要用于：通过查阅相关文献资料，了解核心素养理论的发展脉络，明确核心素养的内涵和特点，为本研究提供研究依据或理论基础，然后尝试从新的角度进行深入研究，阐述新颖、有价值的观点，帮助读者了解核心素养研究现状和发展趋势。

二、实证研究

实证研究是一种基于观察和试验取得的大量事实、数据，利用统计推断的理论和技术，并经过严格的经验检验，引进数量模型，对社会现象进行数量分析的方法，其目的在于揭示各种社会现象的本质联系。相比于规范研究方法，实证研究方法主要采用定量分析，依据数据说话，对社会问题的研究更精确、更科学。具体到本书中，我们可以通过问卷、观察和访谈等方法对部分学生、教师进行调查和访谈，了解他们对核心素养和语文学习力的认识和看法，收集学生语文学习过程中的数据，分析其在语文学习过程中碰到的问题和困难，以及核心素养与语文学习力之间的关系。

三、比较分析法

比较分析法也称对比分析法，是一种基于两个或多个数据进行对比的研究方法，旨在揭示这些数据所代表的事物的发展变化情况和规律。比较分析法可以非常直观地展示事物在某方面的变化或者差距，并且可以准确衡量和描述这些差异。本书所用的比较分析法主要体现为：阅读理解能力的对比、写作技巧的对比、词汇积累情况的对比、语法掌握程度的对比、学习方法的对比。应用比较分析法可以帮助教师更好地了解学生的学习状况，针对性地提供教学指导和帮助，从而提高学生的语文学习力。同时，学生也可以通过对比分析，发现自己的不足之处，找到适合自己的学习方法，提高自己的语文学习力。

四、实验研究

实验研究，也称为实验性研究，是一种旨在揭示自变量与因变量之间因果关系的可控制的研究方法。它是针对某一问题，根据一定的理论或假设进行有计划的实践，从而得出一定的科学结论的方法。实验研究法是定量研究方法中的一种，其目的是显示相关因素间直接的因果关系。研究者需要选择适当的群体，通过不同手段控制有关因素，检验群体间反应差别。在实验过程中，研究者会系统地操控一至数个假定有关的自变量，并在客观状态下，以及在固定其他可能影响结果的因素的情况下，观察和测量因变量的变化。可以通过对比实验组和对照组的学习成绩和核心素养水平，评估教学策略和方法的有效性，这有助于教师调整教学策略，帮助学生找到适合自己的学习方法，提升教学效果。

五、教学实践

教学实践是在教学过程中，教师通过实践活动，使学生在实践中掌握知识和技能，培养实践能力和创新精神。学科实践是教学实践的一种重要形式，学科实践不仅注重学科性，也强调实践性。这意味着在学科实践的过程中，我们不能"抛弃知识"，而是要以一定的知识储备为基础。学科实践更强调通过实践获取、理解与运用知识，倡导学生在实践中建构、巩固自己所学的学科知识。探究学习也是教学实践中的一个重要环节。它的学科性不强，没有很好地与学科融合。因此，尽管探究学习在教学中具有一定的效果，但其在教学中的应用还需要进一步探索和实践。

六、教学评价

教学评价是对教学过程和结果进行系统、全面、客观、准确的评估，为改进教学提供依据。教学评价通常包括以下几个方面：教学目标评价、教学内容评价、教学方法评价、教学组织与管理评价、教师表现评价、学生学习评价、教学环境评价、教学反馈与改进。教学评价是教学工作的重要组成部分。

第四节 研究目标与主要内容

一、研究目标

本次研究的主要目标如下。

（1）探究在国家"双减"政策下，对核心素养内涵和定义的界定，以及核心素养对语文学习力提升的影响机制，明确核心素养在语文学习中的作用和价值。

（2）改变传统的语文教学方式，更新教师教学的理念，调整教师课堂的教学策略，积极促进教师树立"以提升学生语文学习力发展为核心"的课堂高效教学观；引导学生形成"以有效语文学习行为为核心"积极的课堂学习观。

（3）建立有效的教师"大语文"学习观和教学观。

（4）结合本校学生的实际情况，分析不同年级、不同层次学生的语文学习力现状，分析当前学生在语文学习中存在的问题和困难，提出针对性的教学策略和方法，找出影响学生语文学习力的关键因素，以促进学生的语文学习力提升。

（5）建立一套适合学生的语文学习力的自主评价机制，让学生的语文学习力与学习结果能进行有效对应。

（6）注重语文课堂学习中多元化的评价，建立过程化的教学评价体系，以评估学生的核心素养水平和语文学习力的提升效果。

（7）提出基于核心素养的语文学习兴趣、阅读能力、思维能力、探究力、表达力的培养策略，通过对学生进行全方位的培养，提高学生的语文学习力。

（8）培养学生形成良好的语文学习习惯，引导学生形成"我想学""我会学""我爱学""持久学"的良好学习品质，促进学生语文学习力的发展，科学地提升语文课堂教学的实效性。

二、研究的主要内容

本次研究的主要内容如下。

（1）界定核心素养的概念和内涵。梳理核心素养理论，明确核心素养与语文学习力的关系，并对核心素养的定义、分类和特点进行深入研究，分析核心素养与语文学习力之间的关系，明确其在语文学习中的重要性。

（2）核心素养与语文学习力的关系。通过文献法和实证研究，探讨核心素养与语文学习力之间的相关性和影响机制，为提升学生语文学习力提供理论依据。

（3）分析学生语文学习力的现状。通过问卷调查、观察和访谈等方法，收集不同年级、不同层次学生的语文学习力数据，了解学生在语文学习中存在的问题和困难，分析其原因和影响因素。

（4）学习过程的研究。主要关注学生的学习行为、认知过程、情感态度，以及学习环境等方面，揭示学生学习的规律，了解学生在语文课堂学习过程中学生应具备的学习能力及其表现。

（5）学生自我评价的研究。引导学生通过自我评价，自主调整学习行为，提升语文学习力。

（6）教师在课堂教学角色定位的研究。探索教师在教学过程中指导学生自主学习的角色定位。

（7）教学策略和方法的研究。结合学生语文学习力的现状和核心素养对语文学习力的影响机制，设计并实施针对学生在语文学习中存在的问题和困难的教学策略和方法，通过实验研究和教学实践验证其有效性。

（8）教学评价体系的研究。构建以核心素养为基础的语文学习评价体系，包括评价指标、评价方法和评价工具的研究，以评估学生的核心素养水平和语文学习力的提升效果。

第三章 基于核心素养的语文学习力提升的教学原则

2022 年版课标强调："学生是学习活动的主体，在教学中要注重学生的学习能力，包括自主学习、实践探究、创新思维等方面能力的培养。"在大力发展素质教育的大环境、大背景之下，语文学习力的提升显得尤为重要。

语文学习力就是将接收到的语文知识资源转化为自身的语文知识资本并加以运用的能力。如果将一个人比作一棵大树，学习力就是大树的根，也就是人的生命之根。这就是树根理论。树根理论告诉我们，评价一个人是否有竞争力，不是看这个人取得了多少成果，而是要看这个人有多强的学习力。这就像我们观察一棵大树的生长情况一样，不能只看到大树郁郁葱葱、果实累累的美好外表，因为无论有多么美的外表，如果大树的根已经烂掉，那么眼前的这些美好很快就会烟消云散。

教学原则是指导教学工作有效进行的指导性原理和行为准则。教学原则能对提高教学质量和教学效率起重要的保障性作用。通过总结教学实践经验，在批判继承教育史上教学原则"遗产"的基础上，结合语文教学实际，本书就如何提升语文学习力这个问题，从学习动力、学习毅力、学习能力三个方面及语文学习阅读力、思维力、探究力、表达力四个维度进行分析，总结出以下教学原则。

一、生本与启发式原则

孔子在《论语·述而》中提到："不愤不启，不悱不发。"意思是：学生没有经过冥思苦想，没有实在想不通的话，就不要去启发他；没有充分思考而有所体会，却只是想说而说不出口，就不要去引导他。简言之，在学习过程中，教师尽量起到引导和点拨的作用，学习本质上是学生自己的学习，需要学生自觉、主动、积极思考，开动脑筋。

生本与启发式教学原则要求在语文教学活动中以学生为主体，以教师为主导，"启而能发，发而能导，导而能活，活而不乱"，积极引导学生展开思考，但又不牵着学生的鼻子走，充分调动学生的学习兴趣，引导学生积极探索，使他们能够自觉主动地学习。

启，有"打开、开导"的意思。教师的启发要能够打开学生的思路，激发学生的积极思维，使学生深刻地理解、掌握知识，获得多方面的体验和发展。在语文课堂教学中，教师通过掌握问题的难度、广度、深度，结合学生的课堂表现提出合理的问题，运用问题导入新课、回顾所学知识，引导学生积极思考，让学生提出自己的看法，促进学生的个性化发展。

教师通过指导与启示，寻找和释放学生的学习动力和学习天性，使他能够主动学习。学生只有从内在拥有学习动力，才会有坚持不懈的学习毅力，进而才能提升学习能力。

学生是学习的主人，教师要培养学生的学习主人翁意识，明确自己在教学中的引领地位，不能喧宾夺主、本末倒置。只有教师承认学生的主体地位，以学生为中心，真正研究和了解学生的学习需要，教师的启发才可能是有针对性的和有效的。

生本与启发式原则还要求建立民主平等的师生关系。在这种关系中，教师不仅是知识的传授者，更是学生的引路人和朋友。师生之间是平等、互相尊重、互相信任、合作的关系，在人格上是完全平等的。只有这样，学生才能真正做到自由地、充分地提问和思考。陶行知先生说："只有民主才能解放最大多数人的创造力，并且使最大多数人之创造力发挥到最高峰。"

二、因材施教原则

因材施教就是按一定的教学目标，针对学生的个别差异和具体特点，采取不同的教学措施。每一个学生都是一个独特的个体，在知识水平、兴趣爱好、个性倾向等方面都存在一定的差异，教师不能采用同一种教学方法和教学手段对待每一个不同的个体。否则，不仅会使学生"同一化"，还会造成学生对同样的教学内容吸收困难，认为教学内容太简单的容易产生自大、自满、和懈怠心理，而认为教学内容太难的又会丧失学习信心和学习兴趣。因此，坚持因材施教原则，可以使语文教学工作更有成效。

《论语·先进》的"求也退，故进之；由也兼人，故退之"正是因材施教原则的体现。冉求畏缩不前，胆小忧惧，正需要孔子不断地鼓励，使之对自己产生信心，进而自强、自立、自己学习；仲由心大胆大，敢作敢为，如果不加以压制，不加以正确引导，任其发展，容易骄傲自满，对知识难存敬畏之心，求知之路易半途而废，走不长远。

三、理论联系实际原则

理论联系实际原则是指教学活动必须坚持理论与实际的结合和统一，用在语文课堂中学到的理论分析实际生活中所出现的问题，用实际生活验证书本理论，使学生从理论和实际的结合中理解、掌握语文知识，并在这个结合的过程中学会运用语文知识。

在相对封闭的学校和课堂里，学生学习语文知识的途径比较单一，主要通过教师讲授理论知识。这种状况很容易导致学生所获得的理论知识与实际脱节，学生既不明白概念产生的原理，某些语文知识的出处、形成的原因，又不能够被合理地运用到实际生活中。因此，在语文教学中，教师应该提供和创造机会，通过多种多样的途径和形式——比赛、探究活动、采访、问卷调查等，引导学生在实际生活中体会思想观点、态度信念，感悟语文之美，将抽象的理论具象化，将模糊的概念清晰化。例如，在小学语文五年级上册《四季之美》一课中，教师可以将教学场地从室内有选择性地转移到室外，开展"踏秋"活动，引导学生跳出课本，走进生活，将书本中的理论与现实生活相结合。

联系实际可以从多个方面入手。"课堂"教学不仅限于狭义的"教室"里的教与学，教师应按照教学计划，有目的地将学生带到更广袤的天地中去，在更广阔的空间获取知识，感知世界，认识和理解世界。通过语文的社会属性广泛地让学生接触社会生活的各个方面，并在这个过程中帮助学生总结收获。教师要加以引导、提供机会并提出要求，让学生及时交流体验、表达真情实感，不人为地拔高学生的思想和认识，从而潜移默化地提高学生的表达力、探究力、思维力等。

四、积累与熟练原则

积累与熟练原则是指教学活动应该使学生在理解的基础上，获得广博、深厚和牢固的语文基础知识和基本技能，形成良好的个性品质，进而使他们对语文知识、技能的掌握能够达到熟练和运用自如的程度。

学生在语文学习的过程中，需要不断地积累知识、技能和经验，这其中包括语言文字积累、语言规律积累、阅读能力积累、写作能力积累，等等。但在语文教学中，教师不仅要关注学生获得了多少知识，学会了多少技能，更要关注学生的学习过程和学习方法，以及情感态度和价值观变化，将"积累"转化为"熟练的运用"，尊重学生的选择、体验、发现、创造，提高学生的思维能力、探究能力。

教师可以通过课外拓展延伸、深化学习内容，将课内的"积累"进行有机转化，例如，作者评价延伸、对比阅读延伸、合作探究延伸、习作训练延伸、感悟升华延伸、课外活动延伸等，创设各类语文学习载体，引导学生主动参与、主动学习、探究发现、共同交流，在情境中发现语文、了解语文、运用语文，自由发展学生的个性和特长，全面提高学生的综合素质。

五、反馈调节原则

反馈调节原则是指在教学活动中，教师与学生从教和学的活动中通过各类评价手段及时获得反馈信息，及时了解教与学的情况。调节分为两个部分，同时进行：教师根据反馈中出现的问题，及时转变教学行为，有效地调节教学活动，达到提高教学效率和教学质量的目的；学生自我反思，进一步提升语文学习力。

在语文教学中，"反馈"的方法是多种多样的，有测验、征答、观察提问，也可以按照评价在教学活动中发挥作用的不同，把教学评价分为诊断性评价、形成性评价和总结性评价。良好的、恰当的"反馈"在教学中具有重要的导向、强化、调节和竞争功能，不仅能够激励学生，让学生的学习变得更主动，还能够帮助学生寻找差距，从各方面提升语文学习力。

在这个过程中，既要注重"反馈"，"反馈"要及时、准确，又要兼顾"调节"，不能评而不改，评而无用，将"反馈"流于形式。同时也要树立新的评价观，对学生语文学习的具体评价，要从过去唯成绩论，唯纸质评价论，唯直观评价、显性评价，转变为多元化评价、多方位评价、多层次评价，让教学评价不仅仅局限于教师对学生的评价，单纯依靠分数对学生进行评价，而要更多地引进阶段性评价、家长评价、学生互评、社会评价以及学生自评。既要注重学习结果，也要注重学习过程，更要注重在学习过程中培养学生解决问题的能力。

要重视学生自我评价，让学生以评价主体的身份参与其中。学生作为语文学习的主体，学习过程的实施者、问题的发现者以及问题的最终解决者，教师要引导学生在自身学习发展过程中承担起自我审视、自我评价、自我诊断、自我修复的角色。

六、尊重学科特性原则

尊重学科特性原则是指在教学活动中，教师要根据学科的不同特性，采取不同教学模式。语文学科的特性包括基础性、工具性、人文性、思想性、开放性、多样性、地方性、区域性、实践性、应用性、探究性、创造性等，它是人文社会科学的一门重要学科，是人们交流思想的工具。它既是语言文字规范的实用工具，又是文化艺术。

　　语文的课程内容多于教材内容，教材内容又多于教学内容，"有容乃大"的特性使它包容万物，社会属性极其明显，社会内涵极其丰富，不是单纯的课本或者课堂教学能够展现完整的。它从课内延伸到课外，涵盖了一个人的各种能力，包括阅读力、思维力、探究力、表达力以及交际合作能力等。除此之外，语文学习不像数学或物理等学科，有一个阶梯渐进过程，必须掌握前第一阶段的学习内容，才能进行下一阶段的学习。语文学习共融贯通的特性使其在最初学习阶段就直指最终阶段的核心目标，并且能在最初阶段的学习中融入最终阶段的学习目标和任务。

　　因此，在语文学习过程中，教师要尊重语文学科特性，注重语文学科"潜移默化""润物无声"的特点，用"静待花开"的耐心培养学生长时间沉淀的研习和咬文嚼字的习惯，让学生自主体悟，在静心读书、深入思考、发现问题的过程中提升语文学习水平和学习力，通过多方位的阅读、思考与表达交流，培养学生的联想与构建、体验与感悟、判断与加工、内化与迁移等能力，使语文教学"无声胜有声"。

第四章　基于核心素养的语文学习力提升的教学策略

第一节　提升学习兴趣策略

一、强化学生学习动机

1. 学习动机的内涵

学习动机分为内在动机和在外在动机。内在动机即内驱力。对拥有内驱力的学生而言，学习是为了获取知识，为了理解和求知，这属于自我提高的内驱力，他们努力是为了获得好成绩或赢得相应地位，如考进班级前五、上名牌大学等。除了自我提高的内驱力，还有附属内驱力。附属内驱力是为了获得他人（如家长、教师等）的赞许或认可而表现出要把学习提高的一种需要。对学生而言，内在动机是核心，同时它也比较稳定，不易变化。

2. 强化学习动机的方法

根据东京大学教授市川伸一关于学习动机的理论，我们将学习动机深入分解为六大志向，内在动机分为充实志向、训练志向和实用志向，外在动机分为关系志向、自尊志向和报酬志向。若要强化学生的学习动机，则可以从强化这六大志向入手。

（1）强化充实志向

顾名思义，充实志向让学生认为学习本身让人感觉充实。在日常教学中，教师不能唯分数论，过分看重分数，容易让学生丧失对学习本身的兴趣。对学生来说，往往更重要的是教师如何评价他们的表现，而不是学习了什么。如果唯分数论，会让他们只关注考试内容，为了维持学习成绩容易焦虑，甚至去作弊或偷工减料。一旦没有取得理想的成绩，或遇到困难，学生就容易沮丧，自我否定，放弃尝试。教师应注重给学生适度的自由，让他们自主学习和承担责任，引导学生发现学习的快乐。如果学生的目标是掌握知识，那么他们就会变得爱思考，会主动钻研感兴趣或新鲜的事物。研究表明，能力相似的学生，在需要更多主动思考的学习中，重掌握比重分数的学生表现会更好。

（2）强化训练志向

训练志向，即学生为提高自己的能力而学习。在日常教学中，教师要引导学生不要过分纠结于和他人比较，要把关注的焦点放在自己的成长上。

教师要引导学生设置难度适当的目标，这样更能激发学生的内在动力。不过，值得注意的是，调整难度不是把高目标降成低目标，也不是把大目标改成小目标，而是把目标分解为让学生感觉可控、努努力能完成的目标。例如，学生畏惧写作文，那我们的实施做法不是把"三天写一篇作文"调整成"一周写一篇作文"。因为频率的降低，并不能让学生不抵触写作文，他还是一想到写作文就感到困难。我们的正确做法是合理分解目标：第一天收集素材，第二天串草稿，第三天写作文。

（3）强化实用志向

实用志向，即学生为了能将知识学以致用而学习。在日常教学中，教师错误的引导方式有"多做题考试才能得高分，以后才能考进好大学，才能找好工作"。对学生而言，"几年以后"跟"遥远的将来"是没有区别的，学习的价值也很难感受得到。因此，我们要学会正确地引导学生，给学生讲述或让他思考如何学以致用。

还可以让学生当教师，向教师或者同学讲解学到的知识。在讲解的过程中，教师可以对个别知识点进行提问，增强学生对知识的印象。

（4）强化关系志向

关系志向，即学生为获得报酬而学习。在此模式下，学生是被他人带动一起学习。作为教师，要善于建立学习共同体，让学生在良好的学习氛围中一起共同学习、成长。具体可表现为：展示榜样示范、展现努力过程、展现坚持过程、展现成长计划。教师可通过设置优秀的范例，激励学生成长。

（5）强化自尊志向

自尊志向，即学生出于自尊心或竞争欲而学习。教师可使用以下做法强化学生的自尊志向：

①让水平接近的学生相互切磋。与实力相当的对手切磋，更有可能形成"他能做到，我也能做到"的良性竞争。

②让胜负清晰可见。例如，可以建立成长记录档案，将学生每个阶段的表现都一一记录下来，让学生及其对手分析，从而激发他们的斗志。

（6）强化报酬志向

报酬分为精神表扬报酬和物质奖励报酬。相较于物质奖励，精神表扬和口头上的表扬，能更好地避免削弱学生的内在动力。及时跟学生说出教师的内心想法，也能拉进师生间的距离，促进学生进步。

需要注意的是，在进行物质奖励时要谨慎，因为使用不当反而会破坏学生学习的内在动力。物质奖励报酬的错误示范为"学生喜欢做的事＋奖励"，因为这样容易让学生由喜欢而做变成为奖励而做，没有奖励就不做。正确的做法是"学生不喜欢做的事＋奖励"。比如，学生不爱写作业，他完成作业，给予他奖励就不会有负面影响，奖励更能促进学生去表现。还有一些错误的奖励表现，例如，向学生提前预告奖励是错误的，"下次考出好成绩，会奖励你……"像这样用奖励去控制学生，会削弱学生的自主性和内驱力。应该多加入随机性的奖励，"上次考试你非常努力，所以我要奖励你。"当奖励出乎意料，会让人倍受鼓舞。

　　总而言之，在学生不具备上层的内在动机时，可以把下层动机作为入口，先把学生领进门，通过外部动机先让学生不排斥学习。同时，提高学生学习的持久性非常重要，这就需要培养学生同时具备多种学习动机。就如多引擎飞机一样，即使一个引擎出现故障，其他引擎也能支撑飞机正常飞行下去。当学生具备多种学习动机时，即使哪一个动机削弱了，其他动机仍能支撑他们继续学下去。

二、真实学习情境创设

1. 真实的学习情境

　　情境指的是课堂教学内容涉及的语境。真实的学习情境指的是这种语境对学生而言是真实的，是他们在继续学习和今后生活中能够遇到的，也就是能引起他们联想，启发他们往下思考，从而在这个思考过程中获得需要的方法，积累必要的资源，丰富语言文字运用的经验。真实的情境，不是说要布置一个与主题或课文相关的外部环境，而是说这个情境要能够让学生沉浸到语言文字中。

　　真实的学习情境要符合三个特点：源于生活中语言文字运用的真实需求；服务于解决现实生活的真实问题；能够有效打通语文学习和社会生活、学生经验之间的关联。

2. 如何创设真实的学习情境

　　对于如何创设真实的学习情境，2022年版课标中有明确的表述："义务教育语文课程实施从学生的语文生活实际出发，创设丰富多样的学习情境，设计富有挑战性的学习任务……""语文学习情境源于生活中语言文字运用的真实需求，服务于解决现实生活的真实问题。""创设学习情境，教师应利用无时不有、无处不在的语文学习资源和实践机会引导学生关注家庭生活、校园生活、社会生活等相关经验，增强在各种场合学语文、用语文的意识……"创设真实的学习情境的方法有以下几种：

（1）创设日常生活情境

例如，在部编版语文七年级上册中，在教授《散步》一文时，就可将情境设置为：一家人在田野上散步，此时遇到一处分叉路口，走大路地形平坦，走小路更有趣味，风景也更为优美，那我们该如何选择呢？你会做出怎样的选择？直接情境再现，将课文引入日常生活。我们还可以让学生扮演日常生活中的各种角色，化身导游、新闻广播员、记者、教师等，这能够极大激发学生的学习兴趣。

（2）创设文学体验情境

例如，在部编版语文七年级上册《从百草园到三味书屋》中，我们可进行两次活动体验。第一个活动是让学生置身于"百草园"中，一起在乐园里游戏，模拟雪地捕鸟；第二个活动则是跟着"寿镜吾教师"，体验一下他的课堂，跟他学习《周易》，让学生分别谈谈两次体验的感受。

（3）创设跨学科学习情境

从学生的学习需求出发，例如，设计画苏轼形象的绘画课，引导学生从文字和绘画中感受苏轼的人物形象与文化魅力。

任务一：还原苏轼的形象，激活学生对苏轼的作品以及人生经历等的认识，建立文字信息与人物形象绘画的有效联系。

任务二：结合具体的历史环境，丰富对苏轼的形象的想象，对比各个朝代大家关于苏轼的画作，夯实画苏轼人物形像的认知基础。

任务三：由写实的绘画到写意的体悟，画苏轼人物形象是过程，是策略，更是思考和走进人物的过程。

情境创设是引导学生以绘画的角度积极体味苏轼的一生，并引导学生从中感受苏轼的性格、想象苏轼的形象。还可以组织学生在音乐课上学唱苏轼的诗词。通过多门学科的参与，在情境中展开语文实践活动。

3. 真实的学习情境创设举例

（1）部编版四年级下第 22 课《古诗三首》

学校校报开辟了一个"走进闪光的人"专栏，需要广泛搜集闪光人物的事迹。这节课，让我们一起穿越时空，走近古诗词中闪光的人，感知他们美好的品格。

（2）部编版四年级下第 19 课《小英雄雨来（节选）》

为我们心中的小英雄雨来制作一本成长纪念册。纪念册分为四个板块，每完成一个栏目，教师将奖励你们一面小红旗。接下来我们一起来制作纪念册。

（3）部编版五年级下第 16 课《田忌赛马》

读智慧故事，探思维密码。继续穿越时空，回到 2500 多年前的春秋战国时期，走进一个精彩的智慧故事。

任务一：赛马事件大回放。

任务二：孙膑思维大探秘。

任务三：公众热议我来评。

任务四：智慧故事读思维。

（4）部编版四年级下第 27 课《巨人的花园》

童话故事活动周，创编童话故事。

（5）部编版三年级下第 23 课《海底世界》

奇妙世界的小小解说员，巴克队长带领小冒险家们在海底探险。

（6）部编版三年级下第 18 课《童年的水墨画》

为了展示我们多彩的童年生活，学校广播站开设了一个新栏目：为你读诗。第一期我们将诵读张继楼爷爷的作品。要成为一名优秀的小广播员，要具备以下条件：一字正腔圆地读，二读出韵味，三读出画面感。赶紧行动吧！

4. 真实的学习情境创设误区

（1）情境"喧宾夺主"，将任务搁置一旁

任务，是师生为达成既定的学习目标，在适合的语言运用情境中开展的实践活动，而学习是在情境中展开的，营造良好的学习生态有助于让学习真正发生。如果只考虑情境的新奇，而把真正的学习任务搁置一旁，课堂就容易"头重脚轻"。创设情境只是一种手段，教师不能指望创设了一个好的任务情境，学习任务就能自动完成，任务情境花里胡哨，课堂表演热闹喧腾，学生的困惑却无法解决。

（2）情境"违背初衷"，导致任务偏离目标

例如，一位教师执教古代诗歌的组诗阅读，选择的是陶渊明的《饮酒》组诗，创设的情境是设计一张邀请陶渊明饮酒的请柬。我们来看这个任务，初看设计请柬新颖有趣，但是仔细研究，教导学生制作请柬，我们传授给学生的是应用文的内容，与这节课的教学任务是背离的。如果学生把精力集中到写请柬这个任务上，很可能会忽视真正的学习任务——陶渊明《饮酒》组诗的赏析，这无疑违背了陶渊明《饮酒》组诗阅读的初衷。

（3）情境"牵强附会"，导致任务无法融入

一位教师执教《文学作品中的父亲形象》一课，选择了《药》《变形计》《促织》《活着》进行群文阅读。设计的学习任务情境为：父亲节即将到来，学校要做一个宣传展板，请你在以上文学作品中选择一个父亲形象，设计一个文学形象宣传标语。但实际上这里的任务和主题却不相符合，该教师选取的四篇文章中的父亲，都不能体现出父亲对子女深沉的爱，与我们的情境父亲节不相符，文不对题。

教师首先要对任务情境有一个正确的认识，它只是一种手段，而不是目的，情境是为学习服务的。合适的任务情境，有助于促进学生的主动学习，推动学习任务向前展开，有助于学生语文素养的提升，这才是任务情境创设的核心。

第二节　提升阅读力策略

一、学生自主阅读能力提升

阅读是义务教育阶段学生语文学习的重要内容之一，也是提升义务教育阶段学生语文学习力的重要途径。在传统的语文课堂教学中，教师把大量的

时间放在了课文内容的讲解上，忽视了学生的自主阅读和主动探索，再加上义务教育阶段大多数学生的课外阅读量较少，致使学生阅读视野较为狭窄，思维容易平面化，更谈不上新课标所要求的个性化阅读，这对学生的基本语文素养的提升是极度不利的。为此，本书将阅读作为实验开展的核心内容，注重通过教师指导下的大量自主阅读，来提升义务教育阶段学生的阅读能力和语文核心素养，鼓励学生"多读书、好读书、读好书、读整本书"。

1. 学生自主阅读过程中存在的两个极端

阅读是义务教育阶段学生最为基础的能力之一，也是学习语文最主要的方式之一。提高学生的自主阅读能力，能够让学生领会到语言的魅力，学习更多的语言表达方式，提高自身的审美能力。

一方面，在传统的义务教育阶段语文教学中，很多教师仅仅让学生课后"打卡"阅读内容。这种任务式的阅读方式由于阅读时间较短，没有深入阅读，容易出现"看似读了，实际没看进去"的"特种兵"式的阅读，流于形式，读完一篇作品后没有任何感悟，长此以往，学生对阅读就会感到乏味和疲惫，这对提升学生的阅读兴趣和能力是十分不利的。

另一方面，在"双减"政策和2022年版课标贯彻实施的大背景下，部分学校和教师对于一些"新理念"过度推崇，不结合教学能力和学生认知的实际便将其应用到阅读教学中。比如，在未全面了解自主学习模式的情况下，一些教师在语文阅读教学中就开始运用此种教学模式，导致在具体应用中弱化了教师的引导性和辅导性作用。而学生在完全自主阅读的情况下，由于知识储备不足，在遇到一些文化和常识性的问题时，容易出现无法理解的情况，使接下来的阅读变得更加困难，进而导致阅读兴趣的丧失。

2. 学生自主阅读能力提升的主要措施

（1）加强对自主阅读的重视

首先，学校在课程上的调整要突出阅读的重要性，可以每周拿出2~3节语文课督促学生自主阅读，或者在早自习时专门安排时间让学生自主阅读。学校每学期组织1~2次读书交流活动，让学生按照自己所挑选书目撰写读书心得，并进行评奖，以此来激发学生的兴趣。因为不同地区、不同学校之间的教学条件、学情差异很大，所以书目的选择要兼顾必要性和可行性，不能脱离学生的志趣。在具体实施过程当中，首先要做好学生的学习现状调研，包括自荐书单、已读书单、阅读的收获和存在的困难，根据个人不同的兴趣特点，进行个性化书目的推荐和指导，从学生的短处着力辅导。学校还可以根据学生的背景特点，开发校本课程体系，实现阅读活动常态化，形成学校的阅读文化，营造浓厚的书香氛围。

另一方面，语文教师在思想和行动上要足够重视阅读教学，在教学过程中树立"以读为主，以学生的读为主"的教学思想，调整教学安排，做到精讲精练，以学生自读为主。教师要注重引导学生对阅读内容有个性化的理解，要随着学生年龄的增加，逐渐从摘抄到归纳总结再到评价性的品鉴，引导学生在做读书笔记时，多进行一些点评性的思考，让学生养成自主阅读时思考的习惯。并可以每季度开"优秀读书笔记展"，每学年开展"读书明星"评选，以此来激励学生广泛、大量地进行课外阅读；同时，为保障学生有充足的课外自主阅读时间，应适当减少作业量。

在班级管理方面，教师要安排学生在每学期初列出阅读计划，在班级建立学生读书档案，及时跟进学生的阅读进度和阅读质量。根据 2022 年版课标要求，学生在义务教育阶段的课外阅读总量应达到规定的 405 万字以上，小学阶段要求学生完成课内必读书目的阅读，课外每学期阅读 5 本高质量图书。在初中阶段，要求学生逐一完成《三国演义》《西游记》《水浒传》《红楼梦》等必读书目的阅读任务，课外选读书每学期在 10 本以上。教师还可以以班级为单位组织学生建立图书角，学生所捐、所借的书由教师把关，倡导学生阅读名著。

（2）提升学生的阅读兴趣

《论语·雍也》提到："知之者不如好之者，好之者不如乐之者。"物理学家爱因斯坦对兴趣也有自己独到的见解，他曾说："兴趣是最好的教师。"由此可以看出，兴趣对于培养学生自主阅读能力有着独特的作用。教师可以通过以下几条途径来提升学生的自主阅读兴趣。

一是情境教学。将新颖的情境导入教学过程可丰富学生的阅读体验，提高学生的阅读兴趣。例如，在教授部编版七年级语文上册《秋天的怀念》一课时，可以设计这样的导入：播放树叶"唰唰啦啦"地飘落及各种秋天的声音和秋天的各种景色，随后由浅到深地介绍作者对母亲的怀念，以及对生活、自然与人生的认识和信念，提升教学效果。在教授部编版小学二年级下册课文《要是你在野外迷了路》时，教师可以设置"如果你和妈妈走散了，此时你迷了路，你将会怎么办？"的情境，引发学生在情境中思考，提高课堂教学的代入感，从而丰富学生的阅读体验。

二是实践练习。开展综合实践活动是语文教学的重要内容，也是提升学生自主阅读能力的重要方法。以《秋天的怀念》为例，课后，教师可以带领学生到户外对秋天进行观察，感受秋风的轻抚，欣赏大自然的魅力，从而感同身受地与作者的思想感情产生共鸣，进而帮助学生更好地认识世界。又如，在教授部编版五年级下册选读课文《丰碑》时，教师可以带领学生到相关的红色教育基地进行研学，引导学生体会红军长征的艰难，刺激学生产生强烈的爱国情感，进而达到教学目的。

三是对比阅读。对比阅读就是在语文阅读教学中将一篇课文与内容相似的课外文章、段落或者句子进行比较分析，在帮助学生深入分析文章的内容、理解课文的中心思想的同时，提升学生自主阅读的能力。比如，在讲授九年级下册苏联作家高尔基的散文《海燕》时，可以通过引导学生课后自主阅读我国著名作家郑振铎的散文《海燕》。通过对比两篇不同作家的作品，不仅可以扩大学生的阅读面，还能使他们综合地看待阅读材料。通过对比"粗犷美"与"阴柔美"的不同，体会不同作家的写作风格，学生学到的内容也更加具体、全面，会进一步提升阅读能力。

（3）突出学生的主体地位

一是让同学们去"读"与"说"。教师在教学中应确保学生有自主阅读和交流讨论的时间，以此让学生真正理解作者写作的目的，使学生的阅读能力得到有效提升。比如，在教授部编版小学六年级《鲁滨孙漂流记（节选）》和《汤姆·索亚历险记（节选）》这两篇课文时，教师可以运用任务驱动的教学法，引导全班同学同读《鲁滨孙漂流记》《汤姆·索亚历险记》这两本书，将学生带入自主阅读之中，引导学生多角度阅读、分析作品，并通过交流分享会的形式让学生讨论鲁滨孙和汤姆·索亚的冒险精神，让学生之间进行思维碰撞，提升学生的综合阅读水平。

二是让同学们去"读"与"演"。在语文课堂教学中，光靠阅读和想象力是远远不够的，教师可以充分利用各种现代化的教育教学技术手段来给学生创设角色扮演的情境。例如，在教授人教版小学语文一年级下册《棉花姑娘》时，可以通过视频呈现的形式，还原啄木鸟和青蛙捉虫子的场景，然后再让学生进行角色扮演，充分调动学生的情绪，让教学的效果更加显著。又如，在教授部编版小学语文三年级上册《卖火柴的小女孩》时，可以展示动态的图片呈现下雪的场景，利用角色扮演的方式，让学生在课本剧的排练与表演之中，更好地与人物进行情感交流与互动，增加学生阅读的深度，这样不但能提高学生角色扮演的能力，还可以提高自主阅读效率，加深对角色的理解。

（4）培养学生良好的阅读习惯

一是培养多思考、勤动笔的习惯。要让学生养成边读书、边思考、边做笔记的习惯。在自主阅读时，可以摘录经典语句，或者写评语等，这一方式最大的优势就是让阅读更具有针对性和层次性。在阅读过程中，教师可引导学生制作读书卡片，摘抄要点，多角度、有创意地阅读，进而培养学生探究性阅读和创造性阅读的能力。另外，在学生自主阅读完一篇文章或者一本书后，要让学生把自己的所感、所悟记录下来，这些会成为学生积累的写作素材，能提升语文综合能力。因此，教师要有意识地培养学生写读书笔记的习惯。

二是培养学生广泛阅读的习惯。激发学生广泛阅读的兴趣，有利于增加学生的阅读量，扩大阅读面和知识储备。根据义务教育阶段学生的特点，教师应让学生尽可能多地涉猎各种体裁、题材的阅读材料，包括名人故事、科学知识、历史文化、人文风俗、新闻报道等。另外，在自主阅读中，学生可能对某一种类型的阅读材料有喜好倾向，教师要进行一定的引导，要让学生在自己兴趣之外接触多种类的阅读材料。这对学生阅读能力和写作水平的提升有着巨大的帮助。

三是使用工具书的习惯。2022 年版课标明确提出，学生要学会使用工具书，并能够借助工具书阅读文言文，初步具备信息搜集和处理能力。无论读哪一类书，工具书是必不可少的。所谓工具书，不仅包括字典、词典等，还包括各种媒体等。教师可以让学生在预习、自学的过程中，养成查阅工具书的习惯，随时解决遇到的疑难问题。

（5）在教学反馈上以过程性评价为主，并尊重学生的个性化感受

自主阅读的评价，要以学生的阅读方法、阅读态度、阅读笔记等为依据进行评价，教师可根据主要环节来编制评价量表，制作阅读反思单，引导学生从阅读习惯、阅读方法等方面进行自我改进、自我反思。评价应该嵌入整本书的阅读过程，融入语文学习实践活动中，突出对核心知识的转化、理解和应用。通过持续提升学生对核心知识的理解，帮助学生把核心知识结构化，提高运用核心知识解决问题的能力。若发现学生有阅读整本书的一些成功经验，也要及时地组织分享和交流，发现、保护、支持学生在阅读时产生的一些独到见解。例如，在教授部编版小学语文五年级下册《猴王出世》中，在自主阅读中设计"聚焦紧箍咒，猴王话成长"的环节，不同的学生对猴王的成长有不同的理解，教师应充分尊重学生的个性化感悟，让学生们各抒己见，使活动精彩纷呈。

二、阅读学法指导课的有效实施

学法就是学习方法，其在教育学上的定义有狭义和广义之分。广义上的学法是一个包罗万象的概念，泛指指导个体在社会生活与实践中，获取知识、经验的方式，从幼儿学习使用筷子、行为习惯的养成到科学家的发明创造，

都需要相应的学习方法。狭义的学法主要指学生的学习方法，包括学习的原则、流程、途径、方法技能等。本书是在狭义的学法定义下，就如何有效实施阅读学法指导课进行论述。

阅读学法指导课是教师通过一定的途径对学生进行阅读学习方法的传授、引导和训练，使学生熟练掌握科学的学法，并能动地将其运用于自己的学习实践，尤其是阅读实践中。由于义务教育阶段学生年龄较小，知识储备和阅读经验较为欠缺，因此阅读方法方面的指导极为重要，合理地开展阅读学法指导课，对提升学生的阅读学习能力和阅读效率有很大的帮助。

（1）阅读学法指导课要循序渐进

学生阅读学习方法的指导不是一蹴而就的事情，教师在指导时要遵循循序渐进的原则。

一是要注重先领读，再自读。这一阶段主要是引导学生树立阅读目标，帮助学生成为独立和入门级的阅读者。在这一阶段（尤其是小学一年级），教师最好在早自习和课堂时间和学生一起读，做好标准示范和引领启发，教会学生最基本的阅读方法。随着学生年龄的增长，阅读量的增多，阅读水平也得到相应的提升，教师应逐渐减少领读和干预，放手让学生自己大声地读自己想读的内容。

二是要注重先片段，再全书。小学低年级阶段学生由于阅读能力和专注力有限，在遇到部分篇幅较长的文章时很容易失去耐心。因此，教师不要急着让学生盲目地啃"大部头"，应先让他们阅读一些经典的单篇短章。在学生进入小学高年级和初中阶段，具备了一定的思维能力、连贯能力后，教师再视具体情况引导学生整本地读课外书。

三是要先简单，再困难。教师应根据义务教育阶段不同学龄段学生的实际能力，引导学生选择合适的阅读内容。可先从简单的、故事性较强的童话开始阅读，如小学一年级学生可以阅读《一只想飞的猫》《骆驼寻宝记》等简单易读的童话故事，帮助认识神奇的世界，增加识字量；小学高年级学生则可以读一读《窗边的小豆豆》《狼王梦》等长篇儿童文学作品；初中阶段的学生则可以阅读一些诸如《白洋淀纪事》《红星照耀中国》等长篇纪实类文学作品。

（2）让学生明白阅读的一般步骤

为实现有效阅读，教师应引导学生做到以下步骤。

一是初读。此步骤对学生的基本要求是浏览全文，领会全文大意，达到"阅读流畅，对生词生字不存疑"的效果；更进一步要求学会利用字典，自学字词，标注自然段，理解生词的意思，初步从整体上把握文章的内容，同时也对文章的段落、结构有一个大概的了解，为进一步深入理解文章打下坚实的基础。比如，在带领学生阅读部编版小学语文二年级下册《笋芽儿》时，教师可以先从文章的标题入手，让学生猜测文章会讲什么，是写人、事还是物，然后让学生带着疑问通读全文。读完之后，学生会发现其实"笋芽儿"就是竹子的幼苗，而文章则讲述了笋芽儿在春天里长成竹子的故事。初读让学生以最快的速度完成对文章的阅读，对文章的观点和情节有一个大概的了解，但初读绝不可以理解为走马观花，应让学生有目的且专注地阅读。例如，在讲授人教版五年级上册《将相和》时，教师结合本文篇幅及难度，在限定阅读时间（如 10 分钟）内有意识地引领学生对故事情节进行速览并归纳概括，以此来训练学生的阅读速度和提取课文内容的准确度。

二是精读理清思路。此步骤对学生的基本要求是要让学生按自然段边读边想，寻找文章的关键要素，如人物、时间、地点、原因、过程、结果等，并让学生做到"用自己的话概括大致内容"，要让学生着重关注文章的中心思想，搞清楚段落之间、句子之间的关联，做到懂内容、明思路。进一步的要求是在阅读中提出问题并进行思考，提出解决问题的对策。同时，对课文的精美语句和重点段落进行揣摩分析，更进一步体会文章的思想感情，加深对全文的理解，为深入学习文章的表现形式和写作技巧，提炼文章的精华做准备。精读要求学生全身心投入重点词语和段落的品读，进而全面读懂文本内容。部编版语文八年级上册有专门的说明文单元，围绕《中国石拱桥》《苏州园林》等说明文，教师应引导学生了解说明文的特点，让学生根据自己掌握的技巧去阅读说明文，提高阅读的效率。

三是熟读体会情感。阅读的最终目的是沉淀积累并运用。多数学生习惯的阅读往往只是停留在字面上，而熟读，就是要让学生达到"读毕有思考"的目的。基本要求是能够将文中重点的词语、优美的句子和段落熟读成诵；更进一步的要求是能够把作者的语言变成自己的语言。在熟读时，教师要引导学生透过语言文字进行深入思考，引导学生尝试领会作者的情感和写作目的。比如，作者是开心、难过还是何种情绪，寓言故事到底说明了什么道理。熟读的方法对于阅读文言文尤为重要，特别是对一些意境深远的文言文，如《岳阳楼记》《桃花源记》《陋室铭》《爱莲说》等。

（3）引导学生熟练掌握阅读的方法，提高自主阅读效率

教师对学生所做出的阅读指导会影响学生的阅读习惯，也会间接影响学生的阅读水平。掌握好的读书方法，可以达到事半功倍的效果。因此，教师应传授给学生一定的阅读技巧与方法。

一是大声朗读法。阅读不仅包括用眼"阅"，更要求学生开口"读"。有时不宜强求学生朗读并背诵全文，这样只会让学生对阅读感到厌恶，达不到提升阅读兴趣和阅读质量的目的。让学生自己挑选自认为精彩的片段，大声朗读两三次，并鼓励他们背下来，再加以适当引领，让他们去阅读和背诵更多的段落，不但能提升学生的语感，还能加深他们对文章的理解和记忆。

二是边读记法。有种观点认为，书就是要越读越"旧"，越读越"脏"。这里的"旧"和"脏"不是指随意地涂鸦和乱写乱画，而是指阅读过程中的批注。确实，好记性不如烂笔头，将阅读与记笔记、写心得、写作文结合起来，手脑并用，不但可以积累大量的素材，还能锻炼独立思考能力，提高阅读与写作水平，将知识储备转化为语文运用能力。教师还要引导学生养成批注的习惯，边读边在一旁写下自己的理解和体会。可以让学生准备一个小册子，让学生把好词妙句、精彩片段摘抄下来，以此来积累日常写作素材。积累的目的在于运用，同时教师还要引导学生通过仿写、改写、续写等方式将积累的素材运用到写作中去。

三是整本阅读法。整本书阅读的流程是，教师布置阅读任务，学生进行课外阅读，教师组织课内的讲解与交流。要提升整本书阅读的效果，需要从价值的认知取向、过程管理、教学设计、学习评价等多方面入手。整本书阅读内容的丰富性、思维的多元性决定了有效地落实整本书阅读需采取课程化的实施策略。整本书阅读教学要统筹安排课外和课内、集体和个人的阅读活动，集中使用整本书阅读的课时，兼顾学生自主阅读和教师的指导，保证学生能够有时间来阅读整本书。由于阅读整本书耗费的时间较长，而课堂的时间有限，因此整本书的阅读主要放在课后进行，在课堂上主要进行导读。

四是专题阅读法。专题阅读是阅读中的重中之重。专题阅读就是围绕一个特定的主题进行阅读，它既要求有阅读的广度，也要求有阅读的深度和梯度。比如，以《西游记》作为专题来阅读，读原著只是最基本的起步，要从更大的专题展开，就有必要读一读历史上"唐僧"（唐玄奘）的《大唐西域记》，关于吴承恩的书籍，甚至于一些唐传奇也可以涉猎，这样可以了解许多有关原著的背景材料。但是，对义务教育阶段的学生而言，专题阅读费时长，花费精力大，对热爱文学且有一定专长的学生，可以适当鼓励他们进行专题阅读。

（4）要注重问题导向，针对性地开展指导

教师还要有针对性地进行测评。教师可以根据《学生语文课堂学习行为评价量表》，针对学生在课堂学习中出现的问题进行专题性的学法指导，引导学生按照行为评价量表中存在的问题进行改进和完善。同时，要建立《班级学生语文课堂学习能力评估量表》档案，有针对性地进行个别指导。例如，针对学生不能自主、高效地记阅读笔记的问题，教师要向学生强调记笔记的重要意义。有的学生会认为，读书无非就是"上课记一记，下课玩一玩，考试背一背"，这是十分片面的。记语文笔记是一个接收、梳理、理解、记忆、延伸信息的系统过程，语文课堂笔记不但要归纳总结教师讲的内容，更要吸收自己理解的观点。课堂笔记的要求为：一是要记下关键的知识点，如语法、文学常识、课文分析等；二是要记下教师的方法点拨；三是要有条理，要求学生跟着教师的思路听课的同时，注意保持文本固有的脉络；四是要完整，整理笔记时需把课堂上没有记下来的内容及时补充上，记得不太准确的地方要更正过来。同时，笔记也要中心突出，简明扼要。从语文学科角度看，语文笔记带有浓厚的个人特点，并不是教师板书的复制。

另外，学法指导课还可以采取定期测评、"我来谈怎样阅读"、"师生交流"、"校际交流"等多种形式开展，既能有效地检验阅读情况，巩固阅读学习成果，又能激发学生的阅读兴趣，提高学生阅读的积极性，推动学法指导课逐步深入开展。

总之，开设学法指导课以引导学生广泛进行课外阅读，是当前新课改和"双减"政策大背景下，课程资源开发的必然，同时也是提高语文课程教学效率的有效手段，更是为了促进学生的终身学习和发展。"不积硅步，无以至千里。"语文教师应引导学生有效地进行自主阅读，激发学生的阅读兴趣，帮助和引导学生正确选择课外读物，经常性地组织形式多样的阅读交流，给处在记忆黄金时期和品格形成时期的青少年学子提供充分的养料，留下美好的记忆，不断增加学生的语文知识储备，丰富他们的精神世界。

第三节　提升思维力策略

一、利用多媒体资源丰富学生的具体形象思维

思维是一种能力，使我们能够以抽象且间接的方式来理解世界上的现实存在物，并揭示其内在性质与法则。这种活动通常基于我们的感知体验（包括视觉、听觉及记忆等元素），利用语言以及过往经历作为工具，从而形成一种高阶的精神历程或者功能。

1. 思维的三个阶段特点

直觉行动思维、具体形象思维及抽象逻辑思维构成了人类思维发展的三

大阶段。这三种思维模式之间存在相互作用的关系，而具体形象思维则是一种依赖于直接视觉图像与象征物来解决问题的方式，其主要特征在于具象化和概括性，即当图形或符号更贴切时，它们的概括力和普适度也会更高。

2. 多媒体资源能够丰富学生具体形象思维

多媒体已经成为我们获取信息、娱乐和学习的重要途径。下面将从以下三个方面探讨多媒体资源如何丰富我们的具体形象思维。

（1）图片丰富学生的具体形象思维

图片是视觉多媒体教学资源中十分常见的一种表现形式。通过图片可以让学生直观地感受到信息的内容和形式。例如，在讲授部编版四年级上册《繁星》时，教师可使用大量的图片资源。现代社会生活节奏快，孩子们每天忙于学业，家长们忙于生计，都没有时间和心情欣赏身边的美景，再加上现在城市灯火通明，即便在晴朗的夏夜，也难以看到夜空的星星。在这样的环境下，学生难以理解巴金所写的群星密布的蓝天。因此，笔者通过查找各种图片，选择最具有代表性的几张图片展示，学生瞬间明白了"密密麻麻的星星、群星密布的蓝天、半明半昧的星"的含义，在朗读时还能一边读一边想象画面。

（2）声音丰富学生的具体形象思维

我国正在积极推动信息化工具在学校的广泛应用，以实现对各类科目内容的融合创新使用。在此背景之下，在教授部编版一年级上册《语文园地》时首次利用音律元素向孩子们介绍诗歌《春晓》。首先，通过播放与春天相关的音乐，如鸟鸣、风声等，引导学生感受春天的氛围，让他们更加投入到课堂中来。接着，利用音乐的节奏感，帮助学生掌握课文中的韵律和节奏。通过跟随音乐的节奏朗读课文，学生们能够更好地理解课文的内容，并且提高他们的朗读能力。最后，让学生们一起咏唱《春晓》，通过歌唱的方式让学生更深入地理解和感受诗文内容。

（3）视频丰富学生的具体形象思维

语文学科的综合性极高，不只涉及语言和文字的应用，也涵盖了文学、历史、哲学等众多领域。因此，在教授语文的过程中，我们应当注重提升学生对文本的感知和实际运用的能力，以提升他们的文学修养水平。据相关调查显示，仅依靠听觉或视觉去接受新知识只能记住其中的小部分（分别为15%和25%），而两者共同参与则可达到约六成的吸收率。多元素融合的视频能够营造出更为生动的授课场景，有助于激发学生的兴趣。比如，在讲授一年级下册所学的《小壁虎找尾巴》时，教师一般是用语言描述配合教材图解的方式向学生展示文章的主要情节，然而，现在的学生由于基本生活在城市里，对壁虎这种动物不太了解，在阅读课文时可能会遇到一些难以解答的问题，比如"小壁虎的尾巴断了之后为什么还能长出来""壁虎的尾巴为什么会断呢"等。一方面，作为一篇寓言故事式的文章，课文内容并不能完全解答学生的疑惑。因为寓言故事往往是为了传达某种道理或者教育意义而创作的，它们的内容往往包含了许多象征和隐喻，而这些象征和隐喻对学生来说可能并不易于理解。另一方面，学生对于科学性的解释也可能存在理解困难的问题。因为，科学性的解释往往需要一定的专业知识和逻辑思维能力，但低年级学生此时可能并未能掌握。教师可以播放一段描绘壁虎生活习性的视频，让学生清晰地了解壁虎断尾和再生的过程，同时，再通过动画或模拟实验的方式，形象地解释壁虎断尾再生的原理，如"壁虎的尾巴里有一种叫作'角质蛋白'的物质，这种物质在壁虎断尾后会迅速生长，形成新的尾巴"。

二、逻辑思维和辩证思维能力的提升策略

教师要关注学生在语文学习过程中的联想、想象、分析比较、归纳判断等认知表现，尤其是要思考怎样用语文学科特有的方式来提高学生的思维能力。

2022年版课标将核心素养作为语文课程的目标，其中"思维能力"是重要组成部分。思维能力主要涵盖了五种思维形式：直觉思维、形象思维、逻辑思维、辩证思维和创造思维。其中，逻辑思维和辩证思维能力的提升有助于增强学生思维的批判性。因此，教师应当充分利用教材中课文、写作等不

同的教学板块以及课后习题、学习提示等助学系统，充分挖掘教材内容，设计相关综合实践活动，使学生在学习、积累、运用语言的过程中，同步发展与提升思维能力和思维品质。

在此，本书从在语文教学中如何提升学生的逻辑思维和辩证思维能力等方面进行阐述。

1. 逻辑思维能力的培养策略

在语文教学中教师普遍较多地关注具体形象思维的培养，比较欠缺对逻辑思维能力的培养。主要存在以下现象。

一是重感悟，轻分析。教师在设计各阶段教学目标时，频繁地使用"体会、领悟、感悟"等词语，因此在语文课堂上，会出现看似热闹的交流讨论："读了这一句（段），我体会到了……"这种交流感悟式的阅读体会看似以学生为主体，但忽视了文本内在的逻辑、结构特点以及遣词造句的精妙之处，使得语文教学越来越空洞，对培养学生的文本概括、分析、思辨能力更无从谈起。

二是重知识，轻能力。语文教学在很长一段时间内重视双基（语文基础知识和基础技能），将双基作为教学内容的核心，特别关注教材中知识性的重点、难点、要点，容易忽视对思维能力的培养。从教学实践结果来看，学生们在阅读和写作练习中概念不清，审题不准，表达混乱，更谈不上深度学习了。在语文学习中，通过实践研究，建议从以下几个方面着手培养学生的逻辑思维。

（1）字词推敲，感知逻辑关系

让学生观察、发现词语的特点，再开展一些词语运用活动，就可以很好地培养学生的逻辑思维能力。比如，部编版三年级下中有这样的词语运用活动：说说下面两组词语有什么特点，并按照该特点仿写词语。

◇ 源源不断　　　　　　　津津有味

_____　　　　_____

◇无忧无虑　　　　　　　无边无际

_____　　　　_____

首先，可以让学生朗读词语；然后仔细观察并思考这两组词语在结构上有什么特点；接着，再让学生梳理两组词语在结构上的共同点，引导学生分析词语结构特点，理清词语之间的逻辑关系。再如，部编版语文五年级上中安排了这样的"读一读"活动（见图4-1），引导学生体会左右两组词语在表达效果上的不同。

读一读，体会左右两组词语在表达效果上的不同。

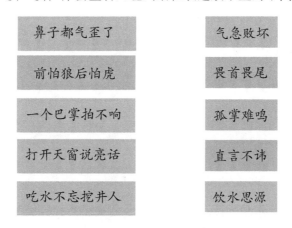

图4-1　字词推敲示例

首先，让学生进行朗读对比，初步感受两组词语在表达上的不同感受；然后，思考这两组词语之间有怎样的联系，在这样的分析、推理过程中，学生会发现两组词语中俗语与对应的成语意思是相同的。学生会继续思考，对两组词语的表达效果进行区分，最后发现俗语的表达效果是通俗、活泼，而成语则是凝练、文雅。

所以通过对词语的琢磨、分析与比较，学生对词语概念的掌握就会更牢固和系统。在这样的训练过程中，学生的逻辑思维能力便会相应地得到初步的培养和发展。

（2）斟酌语段，理清思维过程

教师在教学时，不仅仅是教授基础知识点，还应培养学生从文本中提取信息、分析信息的能力，和利用已有的知识结构或经验对未表达的内容进行合理推理的能力，帮助学生发展一定的语言分析思维力。

例如，统编版语文四年级上的《王戎不取道旁李》的课后练习中有一道题是要求学生思考"为什么'树在道边而多子，此必苦李'"。教师引导学生关注这个问题是让学生思考王戎是怎样由"多子折枝"这一现象进行分析推理，最后得出"此必苦李"的。可引导学生联系生活经验对语段进行仔细的斟酌，并将其思考的过程用导图的形式呈现出来，如图4-2所示。

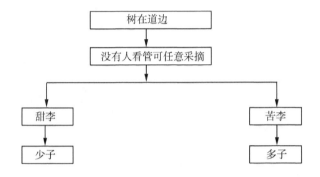

图4-2　思考过程导图

学生看到导图很快就明白了王戎说的"树在道边而多子，此必苦李"，是因为他观察到了李子树是生长在道路旁的，而非果园或专人种植的，若路人口渴了，可随手摘个李子解渴，如果李子是甜的，那早就被人摘光了，而这棵李子树居然"多子折枝"，想必这李子是不好吃的。

教师引导学生进行这样的逻辑推理，学生既明白了王戎的思维过程，对文本的理解也更透彻，对人物的认知也更深刻。所以，在日常的语文教学中，引导学生挖掘并反复斟酌文章语句中隐藏的逻辑思维，可以增强学生的思维能力。

（3）细读篇章，理清行文逻辑

关于如何引导学生理清文章的行文逻辑，本书总结了两种方法。

第一种方法，我们可以从文本内容的内在联系出发，引导学生质疑行文思路的矛盾点，从而积极调动学生的思维。以部编版四年级上《爬天都峰》为例，本课文的教学目标是让学生了解作者是怎样把事情发展脉络写清楚的。

为了帮助学生理清本课的写作顺序，教师制作了一张示意图（见图4-3）。

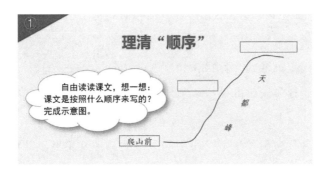

图4-3　写作顺序示意图

引导学生梳理出写作顺序：爬山前—爬山中—爬山后。有学生质疑，为什么作者第7自然段已经爬到峰顶了，后面还要写8至10这三个自然段呢？这与我们平时的写作思路有所不同。教师可以抓住这个矛盾点，引导学生思考，如进行提问：假期里，我们去爬山，在你登上山顶的那一刻，是不是很开心和激动？作者爬山后虽然写的是人物的对话，但是从对话中我们可以感受到爬山人登上山顶后的开心，所以这是合乎常理的。另外，对话的内容言明的是"我"和老爷爷各自为什么能克服困难登上山顶，然后揭示出文章的主旨——学会从对方身上汲取力量。再引导学生联系爬山前写"我"的心理活动及爷孙间的对话，前后呼应，更好地突出了文章的主题，所以作者的行文思路是合乎逻辑的。

第二种方法是绘制线路图，引导学生梳理方位顺序，增强学生的逻辑思维能力。以部编版四年级上《记金华的双龙洞》为例，为了帮助学生更好地理解双龙洞的历史文化，教师提出了一种新的方法：通过画出双龙洞的入口、洞口、外洞、孔隙、内洞和出洞的步骤，来帮助学生更好地理解课文。学生在读中画，又在画中读，不仅能理清文章的行文思路，而且逻辑思维能力也在这个过程中得到加强。

当然，培养学生的逻辑思维能力的方法还有很多，只要教师能仔细挖掘语文教材中的思维训练点，将逻辑思维教育渗透于语文教学之中，拓展学生的思维深度，让学生学会有条理、有逻辑地思考问题，相信也能殊途同归。

（4）群文阅读，训练学生的逻辑思维能力

群文阅读教学旨在帮助学生通过阅读不同的文章来理解并形成一致的观点。通过使用一系列的教学技巧，如演算、推理、综合、总结、举例、分析、比喻、联想、想象等，帮助学生发展出独特的思考方式，从而更好地掌握相关知识。

教学时，教师应引导学生对比不同篇章的特征和主题，从而发现篇章的内涵和外延，激发他们的创造力，并且通过交流和探索，提高他们的独立思考能力。

部编版语文五年级上册第三单元的主题是民间故事。在这个单元的教学中，教师可设计一组群文阅读——"走进中国四大民间故事"，选择四个文本：《牛郎织女》《孟姜女哭长城》《梁山伯与祝英台》《白蛇传》。在这四个民间故事中，《牛郎织女》是课内的文本，其他三篇都是课外的文本。四篇选文虽然文本都比较长，但是读起来通俗易懂，而且故事情节曲折，能引起学生的阅读兴趣。这四个民间故事在中国流传广、影响大，对学生深入感受民间故事的特点和文化价值有积极的意义。在教学中，笔者设置了任务单，并设计了两个表格，先让学生了解四个故事的梗概（见表4-1），在这一过程中训练学生的分析概括能力。

表4-1　四个故事的梗概

故事名称	主要故事情节	故事结局
《牛郎织女》		
《孟姜女哭长城》		
《白蛇传》		
《梁山伯与祝英台》		

接着，出示另一个表格（表4-2），让学生通过四个故事情节的比较，分

析总结四个故事的共同点。

表 4-2　四个故事的共同点

故事名称	共同点
《牛郎织女》	1. 年代久远。
《孟姜女哭长城》	2. 都是爱情故事。 3. 都以悲剧结尾。 4. 故事情节曲折，且都有夸张的神奇想象。
《白蛇传》	5. 都表达了对封建制度的批判。 6. 都表达了人们的美好愿望，希望爱情自由。
《梁山伯与祝英台》	……

在进行群文阅读的过程中，学生围绕教师所提的问题进行分析与思考、交流与探究，探究不同文章之间的内在关联，从而增强了学生的逻辑思维能力。

（5）习作练笔，训练学生的逻辑思维能力

小练笔和习作既是语言的表达，又是思维的展现。例如，部编版语文五年级上册第九课《猎人海力布》的课后习题有一个小练笔：根据课文内容，给那块叫"海力布"的石头写一段话，简要介绍它的来历。这个小练笔其实就是缩写故事。我们可以引导学生回顾故事的主要情节，小组内讨论关于石头的来历要写清楚哪些要点。对要点的梳理，既要抓住故事的主要脉络，又要抓住关键线索"宝石"。这个交流和思考的过程，就是学生逻辑思维能力训练的体现。另外，在平时的习作中，要引导学生注意文章的谋篇布局，句与句、段与段之间的逻辑关系。这本身也是对学生进行语言表达的训练，对其进行有效的逻辑思维能力训练。

2. 辩证思维能力的培养策略

辩证思维就是用联系、发展、全面的观点去看待事物和思考问题，而不能用孤立、静止、片面的观点去看待事物和思考问题。

培养学生的辩证思维能力也是语文学科教学的重要任务。关于如何在语文教学中培养学生的辩证思维能力，本书结合教学实践总结出如下策略。

（1）学会思辨主题

把握内化文本主题，切忌形成思维定势，既要做到多维度察觉，又要做到广而不泛。也就是说，对主题的思辨，需要全面地感知，找到认知的合理性。

以部编版语文五年级上的《落花生》为例。一般情况下，学生读完课文后获知父亲的心愿是要"我们"做落花生一样的人，而思维活跃的学生可能会想到，我们做人要么做落花生一样的人，要么做像桃子、苹果、石榴一样的人，或者两者兼得。这个时候老师就需要引导学生在仔细阅读课文后进行辩证思维。

显然，父亲强调的是花生的有用，他并没有刻意教导孩子们要像花生一样默默无闻，埋在地里。从"我"的回答中，我们可以清楚地感受到作者并未反对我们追求体面。因此，在讨论"桃子、苹果、石榴一样的人"和"有用的人"的主题时，我们不能只关注"有用的人"，而应该从更广阔的角度去思考。最终得出结论：无论是辉煌还是黯淡，人都应该成为有用的人。

（2）学会思辨情节

教师在教学中引导学生关注文章的情节时，可以对情节的合理性或者情节的必要性等进行思辨，训练学生的辩证思维能力。

以部编版语文六年级下《骑鹅旅行记》为例，教师首先从"院子里的家鹅，尼尔斯却从来没有欺负过"对学生进行启发，指出尼尔斯经常欺凌小羊。但随后，"为何尼尔斯不欺负家鹅呢"的课程内容也提供了相关的信息，让学生更加深入地了解尼尔斯的性格。最终，我们可以清楚地明白，尼尔斯并不完全像个坏小伙。接着，我们需要深入探究"为什么这样写"中作者设计莫顿的用意，并帮助学生更好地了解"为什么这样写"中的故事背景。我们还要教授他们如何将作者的想法与"为什么这样写"中的人物相结合，引导学生学会联系上下文的内容和情节，全面把握文本的内容，理解文本的情节。

（3）学会思辨人物

文学作品中人物形象的描写，有些看似"负面"，似乎有损人物的高大形象，然而事实并非如此，拥有瑕疵、具有个性的人物反而会让读者觉得更加真实可信。鲁迅先生就曾评价《三国演义》："欲显刘备之长厚而似伪，状诸葛之多智而近妖。"在语文学习中，引导学生关注那些看似"负面"的描写，思考人物的另一面，让学生更全面地认识人物形象，有助于提升学生的辩证思维能力。

统编版语文五年级上《将相和》中，廉颇仅仅展现了自己战无不胜、攻无不克的英雄形象吗？面对蔺相如的"上位"，廉颇很不服气："我廉颇立下了那么多战功，他蔺相如就靠一张嘴，反而爬到我头上去了。要是我见了他，一定要让他下不了台。"引导学生抓住这一段语言描写，看到廉颇的"负面"形象。他的霸道，他的不服气，他的心胸狭隘都流露出来了。最后再通过"负荆请罪"的故事，又认识到了一个知错就改的大将军的形象。这样的思维训练过程能引导学生辩证地看待作品中的人物，理解人物性格的多面性，学会辩证地思考和学习。

三、课堂鼓励发散创新思维

1. 课堂鼓励发散创新思维的重要性

《基础教育课程改革纲要（试行）》中提出：改变课程实施过程过于强调接受学习、死记硬背、机械训练的现状，提倡学生主动参与、乐于探索、勤于动手，培养学生搜集和处理信息、获取新知识的能力、分析和解决问题的能力以及交流合作的能力。

语文学科本身可塑性极强，作为人文类的基础学科，开放性很强，创新潜力巨大。语文教师应该与学生建立良好的师生关系，在参与教学活动时以一种平等的关系相处，培植创新土壤；在教学方式上，多鼓励学生发散创新，举一反三。

（1）教学民主化，培育创新土壤

作为新时代的语文教师，不能墨守成规，应该多和学生接触，最大限度地去贴近他们的生活，去深入了解他们，和他们成为好朋友，让他们在课堂上积极与教师互动，使他们成为语文课堂的主体。教师在课堂上要做学生学习知识的指明灯。教师应当走下讲台，走近学生，积极参与到他们的讨论中去，成为他们交流和学习的伙伴，营造轻松、愉快、平等的教学氛围，激发学生的创新思维。教师在课堂上应当注意语言谈吐的文明，切记不要用指令性、批评性、武断性和讽刺挖苦性的语言，与学生进行对话要多肯定、赞扬、鼓励学生。

（2）举一反三，创新思维动态化

学生的想象力丰富，教师要充分利用这一点，鼓励他们进行创新性思考，发散思维和想象。

以部编版九年级上《曹刿论战》为例，可以引导学生首先做出否定性的假设，如果在长勺之战刚一开始，齐国一击鼓，鲁国便出兵的话，那么这场战争的结果会是怎样的呢？引导学生做出正反对比，充分论证曹刿在这场战役中所使用战术的正确性。这样的假设性思考，能够发散学生的思维，有利于加深学生对课文的理解和掌握，也有益于学生创新思维能力的提升。

（3）改进教学方法，挖掘学生创新潜能

教师要实现良好的课程运行效果，激发学生的兴趣和创新意识，首先要改革教学方法，创造良好的氛围，让学生变被动为主动，积极大胆地进行创新（可以利用教材为学生做情景剧模式课程学习）。

例如，在部编版语文七年级上《狼》这篇课文的教授中，让学生充分发挥自己的主观能动性，设身处地地想一想，如果是自己面对这两只狼，又该怎样脱险。使用这种方式培养学生独立分析问题、解决问题的能力。

2. 课堂鼓励发散思维的必要性

2022 年版课标要求培养学生思维的敏捷性、灵活性、深刻性、独创性和批判性，引导学生成为有好奇心、求知欲，崇尚真知，勇于探索创新的人，养成积极思考的习惯。发散思维，又称辐射思维、放射思维、扩散思维或求异思维，是指大脑在思维时呈现的一种扩散状态的思维模式，它表现为思维视野广阔，思维呈现出多维发散状。教师可通过"一题多解""一事多写"

"一物多用"等方式，培养学生的发散思维能力。不少心理学家认为，发散思维是创造性思维最主要的特点。

　　为了激发学生的学习兴趣，让学生快速进入学习状态，创设开放的教学情境是行之有效的办法。例如，文言文距离学生实际生活较远，语句也不如现代汉语直白明了，所以学生在学习文言文时难免觉得枯燥无味。为了激起学生学习文言文的兴趣，教师可以采取一些比较灵活、接近学生生活实际的方式，如用方言朗读。

　　用不同的思维来指导写作，让学生对同一题材从不同角度、不同立意，用不同构思、不同方法进行创作。这对提高学生的写作能力十分有益。教师在指导写作时，要经常要求学生注意观察事物的方法，不仅要善于发现事物，产生联想，而且要学会从"小"中见"大"。培养学生的发散思维，不应给学生一个固定、刻板的命题，而应给学生划出大致的范围，让学生积累生活经验，感悟周围的人和物。学生身上蕴藏着丰厚的、独立主动的探索精神，而教师应引导他们如饥似渴、积极主动地摄取知识。《礼记·学记》中提出的"道而弗牵，强而弗抑，开而弗达"，就是要求教师启发、调动学生，而不要牵着学生走，要鼓励学生而不要压抑学生，要指导学生而不是代替学生下结论。

　　下面以《石壕吏》为例，讨论教学中发散思维如何培养。

　　【课堂呈现】

　　杜甫的经典名篇《石壕吏》脍炙人口，被多版初中语文教材选用。此诗中关于苦难的叙述、作者浓郁难解的家国情怀和极其矛盾复杂的情感力量催人泪下。

　　在了解诗歌大意之后，教师提出疑问让同学们发散思维进行讨论，讨论现场处处给人惊喜。同学们的讨论整理如下：

　　疑问一：作为叙述人，杜甫亲历了现场还是躲起来偷听的呢？

　　学生1：我觉得杜甫是躲在房间里偷听的，因为"听妇前致词"一句中有一个"听"字，说明他是躲起来的状态。

　　学生2：我认为不是，石壕吏要是真的这么好糊弄，那老翁为什么要

"逾墙走"？他直接躲到杜甫的那个房间里不就行了？

学生 3：我也觉得是在现场，因为"吏呼一何怒，妇啼一何苦"中有对差役和老妇的神态描写。

学生 4：杜甫既然在现场，石壕吏为什么不抓他呢？杜甫当时是个四五十岁的男子，怎么说也比老妇顶用吧？

教师：同学们，现在下结论还有点为时尚早。请大家先看下面的材料，再结合下一个疑问一起解决这个问题。

疑问二：差役为什么不抓杜甫呢？

补充资料：

材料一：杜甫，字子美，本襄阳人，后徙河南巩县。石壕村在陕州。

材料二：唐朝自创建以来，实行府兵制。所谓府兵制，最重要的特点便是兵农合一。在和平时期，府兵在家里耕种务农，从事农业生产；战争爆发后，朝廷根据需要将府兵征集起来，投入战场。征兵时，吏卒根据户籍名册来"按图索骥"。

材料三：唐肃宗至德二年（757），杜甫官拜右拾遗（一说左拾遗）。乾元元年（758），杜甫因替被贬宰相房琯求情而受到牵连，被贬为华州司功参军。乾元二年（759）春，自洛阳返回华州任上，途中作了"三吏三别"。

材料四：唐朝安史之乱前的玄宗天宝十三年，各州上报的人口数量 5200 万，安史之乱后的肃宗乾元三年，各州上报人口数量大致为 1600 万，人口损失大致 3600 万，人口损失率高达 69%。

学生 5：杜甫不用躲避。因为材料一和材料二说杜甫不是本地人，不是石壕户籍，征兵是按照户籍进行的，所以，差役不会抓杜甫。

学生 6：杜甫不用躲避。根据材料三知道杜甫投宿石壕村时，是很明确的在职官员身份——华州司功参军，而抓人的仅仅是吏，吏的地位低于官，因此，他们不但不敢抓杜甫，反而要客客气气地称呼杜甫一句"杜参军"。

疑问三：面对老妇被抓走的悲惨场景，他为何无动于衷呢？他亲历这一幕，又有何感想呢？

学生7：根据材料一和材料二可知，杜甫是华州的官员，无权干涉石壕村所在的陕州的事务，因此也就无法出面阻止石壕吏抓人。他内心感慨万千，写下了这篇传颂千古的名篇《石壕吏》。

学生8：根据材料四可知，安史之乱使大唐王朝损失惨重，人口锐减，民不聊生，我觉得杜甫想让朝廷早一点平定"安史之乱"，重新回到和平年代。

学生9：回到1300多年前的中唐，唐朝必须倾尽所有，集聚所有的力量，才能打败强大的叛军。老妇人一家的悲剧，正是平定"安史之乱"所付出的代价之一。所以，杜甫没有出手相救，他在国家和百姓之间纠结、徘徊，最终选择了国家。

疑问四：那么，忧国忧民的杜甫在这里究竟扮演了什么样的角色？

学生10：我觉得杜甫是旁观者、记录者，因为差役抓人的事件由他全程记录。

学生11：我觉得他还是这一事件的亲身参与者、涉事者、推动者之一，因为老妇被征走，他默认赞同。

学生12：我觉得杜甫作为记录、参与历史事件之人，增强了故事的真实性。

疑问五："夜久语声绝，如闻泣幽咽"，究竟谁在哭泣？为什么？

学生13：可能是媳妇，因为诗中写道："有孙母未去，出入无完裙"，说明她丈夫去世，内心悲痛，又加上婆婆服河阳兵役，旧痛加新伤，所以哭泣。

学生14：可能是老翁，因为诗中写道："一男附书至，二男新战死"，说明他儿子去世，内心悲痛，又加上担忧老妇，所以哭泣。

学生15：可能是孙子，因为诗中写道："有孙母未去，出入无完裙"，说明家境贫寒，孙子有可能吃不饱，饿得哭泣。

学生16：不对，小孩子饿的时候会哭得很大声，不可能"如闻泣幽咽"。

学生17：不过，小孩子也有小声、断断续续哭泣的时候，不能说完全不可能。

学生 18：也可能是老妇。

学生 19：不可能是老妇，因为此时老妇已经跟随差役去了河阳。

学生 18：也许是老妇的哭泣在杜甫的脑海里回荡。

学生 20：也可能是同村的人，因为征兵到了"捉人"的地步，说明村里其他人家也好不到哪里去。

学生 21：也可能是杜甫自己，因为杜甫是一个忧国忧民之人，心里对老妇一家充满了同情，但又无能为力，只能默默掉泪。

教师：看来，悲苦的又何止老妇一家呢！老妇是家家的老妇，老翁是户户的老翁。这一家便是家家，这一村便是村村，明白这一点，我们才能真正理解杜甫对国家深沉的爱和对百姓的深切同情。

第四节　提升探究力策略

一、小组合作探究机制的建立

在教学中，教师应积极倡导自主、合作、探究的学习方式。教学内容的确定、教学方法的选择和评价方式的设计，都应有助于这种学习方式的形成。

小组合作式的自主探究学习，有助于培养学生主动探究、团结协作、勇于创新的精神。合作探究能力也是学生语文学习力的重要组成部分。但是，因为平时教学中主要以师生交流为主，生生交流较少，所以在课堂中普遍存在学生相互交流困难的现状。

因此，可采取以下措施来帮助学生建立小组合作探究学习的机制，促进学生培养自主合作探究学习的能力。第一，指导学生按座位组成 5~6 人的语文学习小组，选出组长，确定分工；第二，在所有的课堂学习中涉及小组合作的内容均按照预定的学习小组开展活动，并轮流上台展示小组合作学习成果；第三，在小组内互相批改组员的作业，并写出评语；第四，背诵、默写等学习内容在小组内检查过关；第五，进行小组学习竞赛。学生的语文学习评价按小组进行打分，评分低的学生首先在学习小组内接受辅导，然后再由教师进行个别辅导，促进提高。在一段时间的训练之后，这些固定的学习小组不仅能在课堂上体现出较高的合作交流效率，而且在课后也能以小组的形式完成作业、互相批改、默写互查，更加充分地发挥团队的作用。

【《孔雀东南飞》小组合作探究课例】

教师在完成课文内容解释之后，指导学生按照小组合作探究的方式，探讨两人走向悲剧的原因。

首先让学生提出自己的观点。这其中主要的观点有如下几个。

（1）无子说：刘兰芝没有生育能力，遭到婆婆的嫌弃。

（2）嫉妒说：婆婆嫉妒儿子媳妇恩爱，产生失落感，想要重新夺回对儿子的控制权。

（3）刁难说：媳妇的行事标准不符合婆婆的想法，因此婆婆存心刁难，想要换媳妇。

（4）个性说：刘兰芝个性很强，丈夫相对软弱，两人的个性不符合封建社会男尊女卑的传统观念。

……

学生提出观点后，根据所提出的观点分成不同的小组，然后进行组内讨论，搜集资料，研讨、归纳、完善观点，最后让各组进行辩论。这个过程充分发挥了学生的积极性、能动性、创造性，有利于培养学生的自主性、独立性和合作精神，激发学生自主学习的精神，鼓励学生大胆质疑，发表自己的不同见解。

其中，"嫉妒说"小组很有代表性。他们提出，焦母由于早年丧夫，与儿子焦仲卿相依为命，儿子就是她的命根子，特别是儿子对她百依百顺，更加深了母子之情。而自从媳妇刘兰芝过门后，小两口卿卿我我，恩恩爱爱，焦母患上了"嫉妒症"。焦母的"醋坛子"被打翻了，儿子成亲后对母亲疏远了，焦母就认为是刘兰芝将焦仲卿的爱夺走了，因而迁怒于刘兰芝，产生了变态心理，无中生有地找刘兰芝的"碴"，蛮横责令儿子休妻。最终，夫妻二人成了焦母自私、变态的牺牲品。焦母不但害死了刘兰芝夫妇，也害了自己。

【《茅屋为秋风所破歌》小组合作探究课例】

在讲授《茅屋为秋风所破歌》时，指导学生用四字词语概括每段的内容。学生因取名"群童抱茅"还是"群童盗茅"发生分歧。有的学生认为应该取名"群童盗茅"，因为群童没有经过杜甫的允许拿走了茅草，实际上是抢，是偷，从杜甫的"唇焦口燥呼不得"可以看出杜甫对群童的讨厌；而有的学生认为应该取名"群童抱茅"，因为课文中就是写道："群童抱茅入竹去"。于是指导学生以小组为单位展开讨论。

讨论的问题：群童拿走茅草做什么？为什么会发生这一恶作剧？

学生讨论后得出：拿走茅草可能是用来盖自家的房顶，自家茅草不够。拿走茅草还有可能是把自己的快乐建立在别人的痛苦上，就是想看着杜甫着急，因为群童的教养不好。最后学生总结：无论是拿去做什么，这都是一个社会的悲剧，这是一个逼良为盗的社会，是一个民众生存艰难，疏忽了对孩子的管教的社会。所以，面对着这些孩子，杜甫会恨他们吗？肯定不会，就像他在《又呈吴郎》中提到的"只缘恐惧转须亲"，老妇人偷了他的枣，他却要对老妇人更好，因为这是战争带给人民的悲剧。因此，小组讨论后一致认为应该取名"群童抱茅"。

以上课例是学生在教师的指导下自主交流、讨论、探索学习成果，共享群体智慧的过程。小组合作能充分激发学生在学习中的主体作用，学生在小组合作中的自主学习能提升语言表达能力、协作交流能力，让学生以更加积极主动的态度投入学习，拓展个体的知识视野。

二、贴近生活的设计活动

语文学习要有真实的语文运用情境，不能够纸上谈兵，应该让学生接触真实的、实际运用祖国语言文字的教育资源。语文来源于生活，最终将回归生活，教师可以在教学过程中设计丰富多彩的贴近生活的课堂活动。

1. 活动设计要联系生活实际

初中语文活动课程的教学要联系生活实际，结合学科的实用性与社会性特点进行设计更有助于提升学生的核心素养。以部编版语文八年级上册"活动·探究"单元为例，这个单元包括新闻阅读、新闻采访和新闻写作 3 个任务。我们可以采用以下联系生活实际的设计进行教学。

首先，学习新闻知识。组织学生自学 5 篇作品，采用表格方式归纳作品相关要素；接下来安排实地进行采访。教师可以组织学生围绕当下校园热点问题进行采访，如校园运动会。各小组在采访前先确定采访题材、制定采访方案、拟定采访提纲；进行采访时要安排专门人员进行登记；采访结束后整理素材、准备新闻写作；最后进行新闻写作和播报。学生可以根据校园运动会的开展情况任选一个角度进行写作，可以写人物通讯，也可以写事件通讯，旨在培养学生的写作能力和思维能力。完成之后再在班级进行新闻播报，提升学生的语言表达能力。

2. 活动设计可结合当地特色

俗话说："一方水土养一方人。"不同地域的风俗习惯等都不一样，教师可结合当地特色设计不同的活动让语文课堂贴近生活。例如，郴州在 2023 年 9 月 15 日举行了第二届湖南省旅发大会开幕式，于是教师在国庆假期设置语文课后活动——"我为郴州代言"。内容如下：第二届湖南省旅发大会在郴州举行，五湖四海的游客齐聚郴州，看美景，尝美食。趁着这个假期去走一走，感受郴州的大美景色。请你化身小导游，提前准备资料，在游览郴州景点时为亲朋们介绍它背后的故事，并将拍摄的视频和照片发到班级小管家，让全班同学都可以体验跨越空间的"云旅游"。

3. 活动设计要跟紧时代潮流

在今天这个信息时代，学生每天或主动或被动接受大量信息的冲击，新鲜事物不断刺激着学生的神经。因此，语文活动只有跟紧时代的潮流，方能引起学生的兴趣。

【课堂呈现】

一、复习导入

教师提问学生在《孙权劝学》第一课时学习的字词。

二、自主学习——读对话、仿语气

指导学生自由读对话，结合身份、标点、关键词，感受课文中三位人物各自说话时的语气、神态、心理。

预设 1：从孙权的"卿今当涂掌事，不可不学！"中读出坚决，严厉中又可见关心、厚望；从"孤岂欲卿治经为博士邪！但当涉猎，见往事耳。"读出不悦、责备；从"卿言多务，孰若孤？孤常读书，自以为大有所益。"读出言辞恳切。

预设 2：从鲁肃"卿今者才略，非复吴下阿蒙！"读出惊讶、赞叹的语气。

预设 3：从吕蒙"士别三日，即更刮目相待，大兄何见事之晚乎！"读出自豪的语气。

三、合作探究——读对话、品形象

引导学生结合人物对话时的语气、神态来分析人物形象。

预设：孙权对部下既严格要求，又能循循善诱、耐心教导；鲁肃敬才爱才，豪爽而不失风度，对朋友的进步十分高兴；吕蒙知错能改、谦虚好学、听劝、坦诚豪爽、学有所成。

四、写作训练——假如古代也有朋友圈

指导学生进行"朋友圈"文案的合作写作。

PPT 呈现：假如古代也有朋友圈，面对吕蒙的变化，孙权、鲁肃、吕蒙的母亲、吕蒙本人可能会发一条什么朋友圈呢？其他人又会怎么评论呢？假设你是其中的一个人物，写一条朋友圈文案，并请组员扮演其他人留言。

五、拓展延伸——创意表达

情境：最近小蒋同学对读书有些困惑，他说："我周围好多人不读书，他们淘宝卖货、直播带货，都赚大钱了，读书也没有什么用。"谁来帮帮老师点拨迷途的小蒋？

学生针对小蒋的观点发表自己的观点，告知小蒋读书的重要性。

三、数字化学习资源的拓展

1. 核心素养视域下数字化学习资源的拓展对提升学生语文探究力的作用

核心素养是指个体在适应现代社会中所需具备的基本能力和素质，其中包括了信息素养、思维品质、学习能力、创新能力等。数字化学习资源的拓展在提升学生语文探究力方面具有重要作用。首先，数字化学习资源包含丰富多样的学习材料和信息，为学生扩展语文学习的视野和知识面提供了便利。学生可以通过在线图书馆、电子课本、网络文库等途径获取大量的阅读材料，对语文知识进行更深入的理解和探索。

其次，数字化学习资源也包含了多样化的学习工具，能有效地激发学生的学习兴趣和主动性。例如，在线学习平台可以通过游戏化的学习设计、互动性强的学习任务等方式，吸引学生参与其中，提高学生学习的积极性和主动性。另外，个性化的学习推荐可以根据学生的学习情况和兴趣爱好进行智能匹配和推送，帮助学生更加高效地进行语文学习探究。此外，多元化的交流和合作平台能培养学生在语文学习中的互动和协作能力。学生可以通过在线论坛等平台与他人分享学习心得与成果，相互学习、交流、讨论，拓宽视野，提高解决问题的能力。同时，时间和空间的限制也被打破，学生能够随时随地进行学习和探究，十分便捷和灵活。

总之，在核心素养视域下，数字化学习资源的拓展对提升学生语文探究力起到了积极的促进作用。通过提供丰富的学习材料和信息、多样化的学习方式和工具，以及多元化的交流和合作平台，数字化学习资源为学生提供了更广阔的学习空间和更高效的学习手段，有助于培养学生的语文探究意识和能力。

2. 数字化学习资源的拓展方法

（1）在线文本和工具

学生可以利用正规的在线阅读平台，获取大量的原版文学作品、历史文献、参考书等数字资源，深入理解语言运用和文化背景；同时，还可以使用在线工具，如在线字典、词典、语法检查器等，解决语言难题和提高语言运用能力。教师可以利用在线文本和工具来丰富教学内容并提升学生的语言能力和探究能力，讲解如何运用在线文本和工具进行实际教学。

首先，传统的语文课程往往只涉及经典名著的部分内容，而在线平台则提供了更多的选择。通过正规的在线阅读平台，学生可以阅读大量的原版文学作品，同时可以深入解读名著全文，更好地理解作品的主题、情节和人物形象。例如，在讲解《红岩》时，借助正规的在线阅读平台可以搜集类似主题的作品，帮助学生深入理解革命时期的历史背景和人物形象，加深对《红岩》中角色的情感的理解；同时，学生也可以通过阅读其他作品来锻炼阅读理解和文学鉴赏能力。

其次，历史文献也是语文学习中非常重要的资源，通过正规的在线阅读平台，学生可以接触到各种历史文献，了解历史事件的背景和过程。如阅读平台内古代诗歌、散文和史书，了解古代文化和历史人物，进而对语言的演变和运用有更加深入的理解。例如，教授《红岩》时，教师可以带领学生一起阅读《红星照耀中国》等文献，引导学生深入了解红色革命的历史过程和英雄人物的经典事迹，以此帮助学生更好地理解《红岩》。

最后，在线工具也是帮助学生解决语言难题和提高语言运用能力的好帮手。例如，在线字典可以帮助学生更准确地理解生词的含义和用法。同时，在线词典还提供了更加详细和全面的词汇信息，帮助学生拓展词汇量并掌握词汇的不同用法。当然，教师也应提醒学生选择权威的在线字典和词典，确保信息的权威性和准确性。

（2）多媒体素材

数字化学习资源包含丰富的多媒体素材，如音频、视频、图片等，学生可以通过这些进一步感受语言的美感和表达技巧，深入理解语言的表达方式和意义。

首先，关于音频素材的运用。教师可以选择合适的音频素材，如古典诗词的朗读、名人演讲，让学生通过听感受古典诗词的韵律和美感，以及语言的表达技巧。例如，在讲解《论语十二章》时，教师可以预先准备好优秀的朗读资源，并利用数字化学习平台或投影设备在课堂上播放。在播放音频之前，可以给学生提供相关的背景知识并设置导入性问题，激发学生的学习兴趣，使学生能够更好地理解文言文的语言特点和情感内涵。在听完音频之后，引导学生进行讨论和思考，让学生深入理解语言的表达技巧，提高对经典文学作品的欣赏和理解能力。

其次，关于视频素材的应用。教师可以利用视频素材来辅助教学，如名家讲解文学作品的视频或展示相关文化背景的视频。这样一来，学生可以更加直观地了解作品及其写作背景，增强阅读兴趣和思考能力。例如，在教学《夜雨寄北》时，教师可以先对视频素材进行简单介绍，然后播放视频展示山水画、雨夜等景象，帮助学生更好地理解诗歌中抒发的情感和意境。同时，在观看视频时，可以提醒学生关注其中的重点内容，并在观看结束后与学生展开讨论，引导他们深入理解和分析课文。

另外，关于图片素材的运用。教师可以利用这些素材来辅助语文教学，例如，在讲授《女娲造人》时，教师可以展示相关的图片，如女娲造人图、神话人物形象等，帮助学生对课文内容进行形象化的理解，同时教师也可以与学生一起讨论图片与文本之间的联系，引导学生描述图片中的细节，帮助学生扩展对文学作品的理解。

（3）线上学习平台

线上学习平台能提供丰富多样的资源和工具，使学生更加便捷地学习和巩固知识。

首先，在线学习平台通过提供课程视频，将语文知识融入实际教学案例中。例如，以《猫》和《动物笑谈》为例，学生可以通过观看相关视频课程来深入了解关于这些主题的知识和背景。视频课程通常会采用图文并茂、生动有趣的方式呈现，能够激发学生的学习兴趣，并且添加了一定的视觉与听觉元素，有助于学生理解和记忆。

其次，在线学习平台还提供了大量的练习题和模拟考试，学生可以根据自身学习需求和水平选择适合自己的练习题进行自主学习。这些练习题往往设计巧妙、层次分明，既能帮助学生强化对知识点的理解，又能提高学生的解题能力和应试能力；同时，在线学习平台还具备模拟考试功能，能让学生体验真实的考试环境，帮助他们熟悉考试形式。

最后，在线学习平台还设置了互动学习活动，如在线讨论、小组合作等。学生可以通过这些活动与老师和其他同学进行交流和合作，在实践中提升语文能力。互动学习活动可以激发学生的思维，培养表达能力和合作精神，并且在一定程度上解决线上学习缺乏面对面交流的问题。

（4）语文学习应用程序

许多语文学习应用程序提供了个性化学习、智能纠错和评估等功能，帮助学生进行有针对性的语言听、说、读、写训练，提升语文学习力。例如，语文学习应用程序可以提供全文阅读及朗读的功能，学生能够进行听、读练习，从而提高听力理解和朗读能力。并且，它还可以提供相关的字词释义和语法解析，帮助学生理解和记忆较难的词汇和句子结构，并通过所设计的练习题，让学生对语法等知识有更深入的理解和运用。

（5）在线讨论和合作

通过在线论坛和社交媒体等平台，学生可以与他人进行语文学习的线上讨论和合作，分享学习心得并实现合作探究。这有助于拓宽视野，培养思辨能力和提高语言表达能力。

首先，通过与其他学习者或教师在线上进行讨论，学生可以从不同的视角和思维方式中获取新的观点和见解。例如，在学习《黄河颂》时，学生可以在线上分享自己对黄河的理解和感悟，与其他学习者交流并听取他们的意见。这种跨学科和跨年级的讨论有助于学生从多个角度来思考问题，拓宽思维的广度和深度。

其次，在线讨论和合作有助于培养学生的思辨能力。在线上讨论时，学生需要对自己的观点进行逻辑推理和辩证思考，以支持自己的论点并反驳他人的观点。通过与他人的交流、互动，学生们能够更好地理解问题的本质，并培养自己的批判性思维和辩证思维能力。

（6）虚拟实验和模拟演练

虚拟实验和模拟演练是一种重要的数字化学习方式。学生可以运用所学知识进行实际操作和应用，有助于提高学生的独立思考和语文运用能力。

首先，虚拟实验和模拟演练可以激发学生的思考和探究欲望。例如，在学习《天上的街市》时，可以利用虚拟实验平台，模拟创建一个天上的街市，学生可以在虚拟环境中观察、研究，体验文章中所描述的情景和场景。通过这种互动和探索，学生能够更加深入地理解文章内容，思考其中的道理和意义，并进一步拓展自己的想象力和思维方式。

其次，虚拟实验和模拟演练有助于学生解决问题和应用语文知识。例如，在学习《蚊子和狮子》时，可以设置虚拟实验情境，让学生扮演不同的角色，通过模拟对话和互动的方式，让学生应用所学的知识，解决实际生活中的问题。这样的模拟演练不仅能够提升学生对所学知识的实际运用能力，也能够培养他们的合作意识和解决问题的能力。

3. 小结

数字化学习资源的拓展对于提升学生的语文学习力具有重要的意义。通过丰富的数字化学习资源，学生可以获得更广泛、更丰富的信息，从而拓宽自己的知识面。这些资源包括在线学习平台、教育软件、音视频资源等，能够满足不同层次学生的学习需求。通过多媒体、互动等方式，学生能以更直观、更深入的方式接触和理解知识。同时，数字化学习也有助于提升语文学习力。学生可以利用各种数字化工具辅助学习，如语音识别软件、思维导图工具、笔记软件等，提高语文学习的效率和质量。此外，在线讨论群组和教育社交平台的存在，为学生提供了与他人交流、分享学习心得的机会，不仅丰富了学习资源，还培养了学生的合作能力和人际交往能力。综上所述，数字化学习资源的拓展在提升学生的语文学习力方面发挥着重要作用，为学生提供了更广阔的学习空间和更丰富的学习资源，同时也促进了学生的自主学习和终身学习能力的培养。

第五节　提升表达力策略

一、口语表达能力训练

1. 口语表达能力训练的方法

（1）创设有效的口语表达情境

创设有效的口语表达情境是提高学生口语表达能力的重要方法之一。结合课程内容及主旨，创设特定的情境和语境，可以帮助学生更深入地交流和思考，探究文章的中心思想、人物心理及特定场景的意义等，进而提升口语表达能力。

在实践教学中，教师要有针对性地进行情境创设，根据学生的差异化需求，布置口语表达任务。例如，在教授《骆驼祥子》时，教师可以选取该小说中的经典场景或关键台词，让学生模拟其中的对话情境，探究人物的思想特征和心理活动，如祥子与妓女、马车夫、胡同里等邻居进行互动。教师可以引导学生理解角色的心理状态、人物关系和社会背景，尽量还原场景的真实性。通过这样的练习，学生不仅能够提高口语表达能力，还能深入理解文学作品。

再如，在讲解《回忆鲁迅先生（节选）》时，通过选取鲁迅先生的相关作品和人物交流的场景，引导学生进行情景对话，如创设鲁迅与他的朋友、学生或其他知名人士之间的对话场景。引导学生以语言、心理、语气等方面的不同展现，感受人物当时的心理。同时，教师也可以提供必要的背景知识和句子结构指导，在学生情境对话结束后组织讨论，并进行评价，帮助学生改进口语表达方式。

（2）以角色扮演方式进行对话和互动

角色扮演是语文教学中常见的一种动态性、趣味性、实践性较强的教学方法，可以为学生提供一个真实的语言环境，让学生身临其境地使用目标语言进行交流。同时，学生需要思考角色的内心情感、语言表达方式和性格特点等，并用相应的语言技巧展现角色，此过程能够使学生更加深入地理解和掌握语言形式和用法，激发学生的创造力和想象力，提高对人物特点、心理等方面的深度理解能力。

例如，在讲授《皇帝的新装》时，教师可以让学生扮演不同的角色，如皇帝、宰相、骗子和平民等。教师可以提供一个基本故事情节，如皇帝要穿一件新的神秘服装，学生需要准备一些对话内容，如皇帝询问服装商人的意见，学生质疑皇帝是否真的穿着新衣服等。这样的角色扮演可以引导学生练习各种语言表达方式，如骗子描述服装时的夸夸其谈等，从而提高学生的表达能力。

再如，学习《蚊子和狮子》时，教师可以设计一个有趣的故事情境，以拟人的形态设计一只蚊子和一头狮子的角色互动与交际场景。学生通过对话展示两种不同的观点和表达方式，教师提出问题，让学生就问题展开探究，学生需要运用恰当的语言表达自己的观点，并说明理由支持自己的观点。这样的活动可以激发学生的思维和创造力，培养他们灵活运用语言的能力。

（3）以问题为导向、以小组互动为主要方式开展口语训练

首先，在开展口语训练时以问题为导向，引导学生进行思考和表达，通过提问、讨论或小组互动的方式，培养学生的思维能力和语言表达能力。例如，在学习《从百草园到三味书屋》时，可以设计相关问题，让学生就文中人物形象、情节发展等方面展开讨论，如"故事通过描述人物的性格、言行举止等方式来展示主题。你能找到文中的一些细节，并解释它们与主题之间的联系吗？""你觉得故事中的冲突是如何产生的？它们对故事的起承转合有何影响？"，这些问题可以引导学生就文章中的人物形象、情节发展等方面展开思考和讨论，帮助学生深入理解故事的主题和内涵，提高口语表达能力。

其次，可以将学生分组，设置一个讨论话题，鼓励他们通过讨论交流来表达自己的观点。为了使讨论有条理，可以设立一些规则，如每个人必须发表自己的观点，要尊重他人意见等。例如，在学习《观沧海》时，可以要求学生以小组为单位，共同探讨诗歌中的意境和情感，如"《观沧海》表达了怎样的情感和意境?"展开小组讨论，教师可引导学生探讨波涛汹涌的大海、辽阔的天地等形象是如何与诗人的情感交融的，营造出了怎样的氛围和情境；通过对诗中线索、隐喻、象征意义等的分析，找出其中蕴含的寓意和哲理，进一步理解诗人的情感和意图等。小组成员在讨论过程中发表自己对诗歌情感和意境的理解，分享个人观点和感受，通过相互交流和倾听，进行思想碰撞，了解观点的多元化，在此过程中，学生的口语表达能力、团队合作意识和批判性思维能力得到提升。

（4）以语言素材为基点，创设多元化口语表达能力训练活动

首先，多元化口语表达活动基于丰富的语言素材，并结合有趣的要素，可以帮助学生提高口语表达能力，激发学习兴趣，使学生积极参与其中并享受学习的过程。例如，以《综合性学习——孝亲敬老，从我做起》为例，可以设计一个讲解故事的活动，学生选择一个自己喜欢的故事，可以是真实的经历、虚构的故事或传统的民间故事。在讲解故事时，学生需要用适当的表达技巧来吸引听众。这个活动除了培养学生的口语表达能力外，还可以锻炼他们的逻辑思维和组织能力。也可以以"敬老"为素材设计一些即兴演讲的活动，让学生根据给定的主题或图片，即兴发表自己的见解和观点，学生需要在短时间内组织语言并进行流畅的口头表达。这样的活动能够增强学生的思维敏捷性和应变能力。

其次，对学生而言，掌握正确的口语表达方式至关重要。为了帮助学生理解并掌握这些表达方式，教师可以提供一些语言模板和范例，同时激励他们进行创新，将个人观点和感受融入表达中，增加个性化的内容。一方面，语言模板和范例可以为学生提供一个框架，帮助他们构建语言表达的基础。例如，在讲授《写作——学会记事》时，可以选择一个合适的记事方式，如

写日记、旅行笔记等，引导学生用简短的语言表达出主要观点和感受。另一方面，教师应该鼓励学生在模板的基础上增加一些个人经历、见解和思考，展示出自己独特的想法。例如，在回答一个问题时，学生可以先简单介绍模板中的基本信息，然后加入自己的观点和感受，呈现出更加真实和生动的表达内容。

（5）以演讲比赛、辩论赛和讨论会等实践性方式，为学生提供锻炼口语表达能力的平台

首先，演讲比赛能够帮助学生培养演讲能力。通过在舞台上展示自己的思想、语言表达能力及演讲技巧等，学生不仅可以提升自信心和勇气，还能够学会如何快速思考、组织语言，清晰地表达自己的观点。在演讲比赛中，学生围绕特定主题组织语言，以连贯、清晰的表达能力和敏锐的应变能力展现自己的口语训练成果，并提供充分的论据来支持自己的观点，这种经验对学生以后的职业发展和社会交往都大有裨益。

其次，辩论赛能够培养学生的逻辑思维和辩论能力。在辩论赛中，学生需要根据给定的命题，通过辩论和质疑来阐述自己的立场。辩论赛通常会有一定的时间限制，学生需要在规定的时间内进行深入的研究和分析，将自己的思想和观点充分表达出来，并快速反应和回应对手的质疑。通过参与辩论赛，学生能够锻炼自己的思辨能力和批判性思维能力，丰富问题解决和论证的技巧。

此外，讨论会是培养学生口语表达能力的有效方式之一。在讨论会上，学生需要与同伴交流和讨论特定话题，通过与他人的交流互动，可以学会如何倾听他人的观点、提出自己的意见，并进行适当的辩论和讨论。如在讲授《最苦与最乐》时，教师可以设置特定主题"你对梁启超在文章中提出的观点有什么看法？"，引导学生以讨论会的形式划分立场，并组织语言呈现自己的观点和看法。

2. 口语表达能力训练中应当注意的事项

（1）明确学生口语表达能力的培养方向

①以培养学生的语言表达能力为核心点。提升语言表达能力是口语训练

的核心目标，要注重培养学生在词汇、句子组织能力以及流利度和准确性等方面的能力，可以通过口头表达练习和模拟情境对话等方式来提高学生的语言表达能力。

②注重培养学生的思辨能力。口语表达不仅仅是简单的信息传递，其中还蕴含了学生的思辨能力。通过学生分析问题、逻辑推理和提出见解的表现，可以看到他们在口语表达中对问题的深入思考和理解能力。

③重视语言文化意识的培养。口语表达中的文化背景和语言规范是不可忽视的重要部分，因此，教师要引导学生了解和尊重不同的语言文化，并且在口语表达中遵循相应的语言规范，从而提高表达的准确性。

④注重训练与实践。口语表达能力是需要长期训练和实践才能够提高的。教师可以设置情景模拟、小组讨论、辩论赛等活动，让学生积极参与口语表达实践，不断提高口语表达能力。

⑤倡导合作与互助。在口语表达训练中，要鼓励学生之间相互合作、互相帮助，教师可以引导学生采用小组合作学习的方式，让学生在合作中相互借鉴、共同进步，形成良好的学习氛围。

（2）注重学生口语表达能力培养的细节

①创设积极宽松的学习氛围，鼓励学生大胆表达。在语文口语训练中，学生可能会担心自己说错或者不够流利，教师应该给予学生积极的反馈和鼓励，让他们敢于表达。

②注重语音、语调和语速的训练。良好的语音、正确的语调和适度的语速对于口语表达非常重要。教师可以通过模仿、朗读和练习等方式来训练学生的语音、语调和语速，使他们的口语更加流利、自然。

③关注学生的语言输出质量。教师应该引导学生用准确、恰当的词汇和句型来表达自己的思想。在口语训练中，教师可以通过词汇扩充、句型操练等方式来提高学生的语言输出质量。

④鼓励学生多使用各种语法结构、句型和修辞手法，丰富自己的口语表达方式。教师可以通过教授不同的语法结构、句型和修辞手法，并引导学生

在口语训练中灵活运用，提高他们的口语表达能力。

⑤引导学生注重非语言交际技巧。除了语言的表达之外，非语言交际技巧也是口语表达中不可忽视的一部分。我们应该引导学生关注肢体语言、面部表情等非语言交际技巧的运用，使他们的口语表达更具说服力。

二、学生自由写作引导及隐形调控

学生的写作要有真情实感，表达自己对自然、社会、认识的感受、体验和思考，力求有创意。但在实际学习过程中，许多学生视写作如洪水猛兽，提笔难，写文章更是难上加难，写出来的文章内容空洞，思维方式单一，千篇一律，成了当代的"八股文"。

针对上述问题，教师可以通过隐形调控的方式引导学生成为学习的主体，让学生自由写作，鼓励学生自由表达。自由写作是一种基于个人经验和情感表达的写作方式，它强调在写作过程中不受限制和约束，自由地表达自己的思想和情感。自由写作可以帮助学生释放内心的压力，提高写作能力和表达能力，同时也可以帮助他们更好地了解自己的思想和情感，发现自己的优点和不足之处，从而更好地提高自己的写作水平。下文将从积累素材、多样表达及评价三个方面对学生的自由习作进行引导及隐形调控。

1. 积累素材

素材是写作的基础之一，是文章的血肉，好的素材可以增强文章的吸引力和可信度。教师可以通过课堂教学引导学生进行素材积累，具体可以从以下两个方面入手。

（1）观察是自由写作中的首要环节。学生需要学会观察身边的人和事物，包括观察自己的内心感受和情感变化，才能将积累的素材用于写作中。教师可通过引导学生观察课本中的图片、插图、表格等元素，培养学生的观察能力。

教师应引导学生按照一定顺序观察，在观察时尽量做到条理清晰、言之有序。还可布置一些观察作业，例如，观察某个城市或某个季节的特点，或者观察身边的人和事物，让学生学会在日常生活中进行观察和思考。课外可利用实践活动，如参观博物馆、文化遗址等，让学生通过亲身感受和观察，增强观察力和感知能力，积累丰富的生活经验和情感体验。

（2）叶圣陶先生在《论写作教学》中指出："教学生阅读，一部分的目的在给他们个写作的榜样。因此，教学就得着眼于（一）文中所表现的作者的积蓄，以及（二）作者用什么功夫来表达他的积蓄。"阅读是写作的基础，只有具备充足的知识储备才有可能写出好的文章。

①课内阅读

教材中有许多的美文，是学生重要的阅读材料。教师要引导学生从课文中汲取养分，学习文本的表达方法。例如，在教授部编版六年级上册习作单元《夏天里的成长》时，让学生默读课文，引导他们找出中心句"夏天是万物迅速生长的季节。"作者通过描写夏天植物、动物乃至不具有生命的山水、铁轨和柏油路等事物都在生长的现象，说明了夏天的确是万物迅速生长的季节。在第2自然段的教学中，引导学生关注作者写到了哪些动植物从而让读者感受到生物在夏天里飞快生长的状态，让学生了解到作者是怎样体现这一段的中心意思的，水到渠成引导地学生学习本课的写作方法。

②课外阅读

教师不仅可以利用课堂阅读引导学生积累写作手法，还可以通过以"一篇课文链接一本书"的方式指导学生阅读课外书籍。

例如，部编版四年级上册第四单元都是神话故事，通过学习《盘古开天地》《女娲补天》等课文，引出《中国神话传说》，教学时出示《刑天争夺帝位》这一想象奇特、趣味性强的片段让学生读一读并交流读后的感受，再让学生默读炎帝尝百草的故事，思考这个材料讲了什么故事，哪些地方令人感到神奇，引导学生想象后面会发生什么事情，最后再进行总结归纳。

通过阅读大量的课外书籍，学生可以了解不同的文化、思想和价值观，从而更好地拓展自己的视野和思路。同时，教师也可以组织读书分享会（如"我喜欢的书""我为书代言""与作家连线"等）让学生交流自己的读书心得和体会，不仅能够激发阅读兴趣，还能为自由写作积累丰富有趣的素材。

2. 多练实现自由写作

在教学过程中，教师要帮助学生突破自由写作中各种限制性元素带来的困难，创造出更多个性化写作的机会。

（1）记录生活素材本

前述的积累素材中就提到教师要引导学生进行观察，不仅要留心生活，更要用笔记录下来，好记性不如烂笔头。教师可要求学生准备一个生活素材本，随手记录自己的生活和情感。它不似周记，篇幅不限，有感而为，更为自由。日积月累，下笔便会如有神。教师可不定期抽查学生的素材本，让学生分享随时记录的有趣素材，从而让学生之间相互学习和借鉴。

（2）小练笔

小练笔是一种非常自由的写作方式，学生可随时随地记录自己的思想和情感。教师可以通过引导学生在日常学习中进行小练笔，逐渐熟悉写作。

①仿写句子

句子是表达思想和情感的基本单位。学会写优美的句子，并且能够准确地表达自己的意思对学生而言十分重要。从一年级新生入学开始，每次学生回答问题，教师都会引导学生说完整的话，对课文中有趣的内容进行模仿。例如，部编版一年级上册的童谣《说话》：

> 小溪流说话，哗哗，哗哗。
>
> 小雨点说话，沙沙，沙沙。
>
> 小鸽子说话，咕咕，咕咕。
>
> 小鸭子说话，嘎嘎，嘎嘎。
>
> 小花猫说话，喵喵，喵喵。
>
> 小青蛙说话，呱呱，呱呱。

教师可以提问：同学们还知道哪些小动物的叫声？可以按照课文的形式回答。学生通过对生活的观察，可能会说：小花狗说话，汪汪，汪汪。小老鼠说话，吱吱，吱吱。小蜜蜂说话，嗡嗡，嗡嗡。

又如，部编版三年级下册《燕子》中，开篇便写下了燕子的外形，"乌黑的羽毛，一对轻快有力的翅膀，加上剪刀似的尾巴，凑成了那样可爱的活泼的小燕子。"学生通过哪些词语可以想象到活泼可爱的燕子呢？教师需要引导学生抓住关键字词，通过朗读感受燕子的特点，了解细节描写对人物或动物刻画有着重要作用。

教师还可以更深入地挖掘文本好词好句，引导学生通过仿写细节描写掌握此项技能。例如，对已分析的《燕子》中关于外形的细节描写进行拓展仿写，展示一只兔子的图片，出示"一对_____，一双_____，一身_____，加上_____，凑成了一只活泼可爱的小白兔。"句式引导学生仿写。根据前文分析，再加上兔子的外形特征十分鲜明，学生就能够快速地掌握动物的外形描写方法。

例如，在教授部编版三年级上册《铺满金色巴掌的水泥道》时，在学生理解课文后，教师引导学生将课文与出示的汪曾祺的《自报家门》进行比较。汪曾祺罗列了在路上看到的多种事物，让我们感受到大街的商铺之多，店员的手艺之高。而课文重点描写了水泥道上的梧桐落叶，描写更加细致，想象力更加丰富。

生活中，美丽的风景无处不在。教师让学生试着回想上学、放学路上的风景，并从中发现美，引导学生交流、讨论，再用几句话写写上学或放学路上看到的景色。

②扩句练习

除了仿写句子外，教师还可采取扩句练习的方式。扩句练习是指将一个简单的句子或短语扩展成一个更长、更详细的句子或段落。要求学生用更准确、生动、形象的语言来描述情景。

除了仿写课文优美段落外，对课文中的内容进行续写也是一个很好的写作练习方式。续写课文可以激发学生的想象力和创造力，帮助他们更深入地理解原文，增强语言表达能力。

例如，部编版六年级上册第四单元《穷人》这一课，课后"小练笔"要求对桑娜第一次沉默时的心理进行想象补白。教师让学生分角色读第 12～20 自然段，体会他们的内心世界。引导学生联系桑娜和渔夫的对话，进一步体会桑娜一家生活的艰难，然后再提问：桑娜每天都这么艰难地生活，你们能揣测桑娜在沉默时会想些什么吗？学生理解人物后，才能把桑娜的这份紧张和欲言又止在文字中体现出来。

小练笔篇幅短小，从一点着眼，从小处着手；形式灵活，"眼所见""耳所闻""心所感"等不拘格式，皆可入文；收效快捷，一练一得，事半功倍。

3. 网络写作

相比于传统写作，网络写作更为新颖，符合现在学生的心理和习惯。如何让自己的微信朋友圈文案更为出彩？学生很有可能对这个话题感兴趣，然后再鼓励学生通过网络进行自由写作，如各种社交媒体平台。这样既可以让学生随时随地记录自己的生活和情感，也可以让他们通过网络与他人交流、分享自己的写作经验和技巧。

运用好的评价机制也很重要，关键在于重态度、重习惯、重过程。自由写作的前提条件是有良好的态度和习惯。面对学生稚嫩的作品，只要他写作的态度是端正的，即使他的作品再稚嫩，教师都应以鼓励的原则来评价，增强学生的自信心。只要学生养成了勤于观察和思考、大量阅读和积累的好习惯，教师都应肯定学生的优点。只要他在写的过程中认真表达，教师都应不吝赞美之词，激发学生写作的动机和兴趣，使自由写作成为更具持久性的行为。

教师还可以根据写作要求制定评价标准，学生相互批改、互相鉴赏，在动笔修改过程中提升写作能力。

同时，展示也是必不可少的。在班级投屏展示或者贴上荣誉墙，或出一本作文集，学生的信心都会得到极大的增强。被表扬的学生可能从此会不畏惧写作甚至喜欢上写作。

总之，自由写作的评价要以鼓励和肯定为主，写作的及时反馈、评价和展示是提高学生写作能力的重要环节。教师需要注重与学生的互动，制定明确的评价标准，关注学生的进步和优点，并建立展示平台，让学生展示自己的作品。这样可以增强学生的自信心和写作兴趣，培养他们的创新思维和写作能力。

通过以上三个方面的隐形调控，教师可以有效地提高学生的自由写作能力。但需要注意的是，每个学生的写作能力和风格不同，因此评价需要有针对性和个性化，以便每个学生都能在写作方面得到适当的帮助和发展。

第六节　发挥评价效能策略

一、多元化评价和过程性评价体系的建立

2022年版课标提出："语文课程评价的根本目的是为了促进学生学习，改善教师教学"，"注重评价主体的多元与互动，突出语文课程评价的整体性和综合性"，"语文课程评价应改变过于重视甄别和选拔的状况，突出评价的诊断和发展功能"。

因此，对学生的评价方式应以提高学生的语文学习力和综合素质为目标，采用灵活多样的评价方法，侧重对学生语文学习力的多元化综合评价，侧重对学生语文学习的过程性评价。合理的多元化评价和过程性评价体系有助于提高学生的语文学习力。

多元化评价指的是教师通过多个主体、多个角度、多个方面对学生进行科学评价。传统的评价方式侧重于学生的记忆和应试能力，而多元化评价可以更好地评估学生的综合能力，包括语言表达、思维逻辑、创造力等方面，从而促进学生的全面发展。多元化评价体系可以提供不同形式的评价方式，如作品展示、口头表达、小组合作等，使学生能够以自己擅长的方式展示自己的能力，从而激发学习兴趣和积极性。多元化评价体系能帮助教师更好地

关注学生的个性化发展，充分发挥学生的优势，提升学习效果。学生可以参与到评价过程中，了解自己的学习情况，发现自己的不足并制定改进计划，从而增强自主学习能力和自我评价能力。

1. 评价内容多元化

（1）基础内容

字、词、句是学生学习语文的基础，教师可以根据基础内容的特点制定多元化评价的标准。

首先，教师可以通过听、说、读、写等多种方式来评价学生的字、词、句能力。评价可以通过口头演讲、对话、听力测试和口头反馈来实施。例如，一年级上期学完拼音后，教师可以组织学生开展拼音游园会，在轻松愉快的氛围中检测学习情况。

教师可以通过口头阅读、朗读、听力理解、阅读理解等多种任务式的方法综合评估学生的阅读技能。评价有助于发现学生的强项和需改进之处，提供有针对性的指导，促进语文阅读和表达能力的提高。

对学生的书写能力进行评价时，可以采用多元化的方法，以确保他们不仅具备基本的字词辨认能力，还能在书写方面有更高水平的表现。对小学生而言，书写能力的评价着重于评估其字迹的清晰度、字母和汉字的正确书写情况、书写速度、字形规范、书写工整度以及书写习惯，可以通过考察学生的书写作业、笔迹质量、拼写准确性和语法规范来实施评价。通过这些评价，可以确定学生是否掌握了书写的基本技能，同时也能向学生提供反馈，帮助他们提高书写质量和书写速度。

最后，教师应该鼓励学生积极参与评价过程，让他们理解评价的目的，以便他们能够主动提高语文学习力。

（2）发展内容

学生语文的发展内容应当是多元化的，以培养全面的语文素养。其中，"思辨性阅读与表达"是至关重要的领域，涉及培养学生的批判思维、阅读理解、文学欣赏和表达能力。为了有效地评价这一领域的发展内容，通常需要采用多元化的评价方法，以全面了解学生的语文水平和能力。

首先，针对思辨性阅读能力，多元化评价方法包括但不限于阅读理解测验、口头和书面表达、小组讨论等。这些评价方法鼓励学生在不同情境下展示他们的思辨性阅读能力，有助于了解他们的优缺点，并提供有针对性的反馈，培养批判性思维能力。

在表达方面，评价方法包括写作和口头表达等。教师可以引导学生完成不同类型的写作任务，如叙述性、说明性、议论性文本，以评估学生的表达能力和逻辑思维。口头表达能力则可以通过演讲、讨论和小组合作等方式来评价，教师需要确保在评价过程中学生能够清晰地表达自己的观点和思想。例如，教师可以组织学生围绕生活中容易产生分歧的问题，分组展开辩论。在辩论过程中，可选择不同的小组担任评委。评价目的是努力做到以评促辩，引导学生积极参与辩论过程，提高口头表达能力。

最重要的是，评价应该是持续的、多元的，而不仅仅是定期的考试。教师可以通过日常课堂活动、项目作业、课堂参与等多种方式来了解学生的表现，以更全面地评价学生的语文学习力。

（3）拓展内容

语文教学中的拓展内容是指超出标准教材范围的内容。拓展内容旨在深化学生对语文知识的理解，培养学生对语文的兴趣，提高语文素养。其中，对文学拓展的评价可以通过"好书推荐会"或"读书分享会"的形式进行。学生在分享会上的表现应该得到评价，包括他们的表达能力、对书中情节和角色的理解，以及能否引起听众的兴趣，评价涵盖演讲技巧、表情、语言运用等能力。对拓展内容的评价有助于培养学生的深度思考和创新能力。

综合来看，语文多元化评价内容包括基础内容、发展内容和拓展内容，每个部分都有其独特的作用和重要性。这种多元化的评价内容有助于教师更全面地评估学生的语文学习力和素养，促进学生在语文学科中的全面发展。教师应根据学生的年级和能力水平，综合运用这些不同层次的评价内容，以满足他们的学习需求。

2. 评价主体多元化

在小学语文教育中，评价主体多元化是一种非常有益的方法，有助于教师全面了解学生的语文学习力和表现。

（1）学生互评

学生之间互评可以帮助他们养成批判性思考和评价他人的能力。学生可以相互评价，帮助同伴提高写作和口头表达能力。

（2）学生自评

鼓励学生自我评价是培养学生自律和自省的重要方式。学生可以全面审视自己的学习目标、强项和弱项，并制定改进计划。这有助于提高学生的自我管理能力。

（3）教师评价

教师评价应当具有针对性、鼓励性和个性化。教师可以通过定期的测验、作业、课堂参与度和项目评价来评估学生的语文学习力。评价不仅应关注知识的掌握情况，还应关注思维能力、创造性表达和批判性思维。此外，教师应根据每个学生的需求提供个性化指导。

（4）家长评价

家长通常更了解学生的日常表现和个性，能帮助教师制定更个性化的教学计划。为了更好地实施家长评价举措，可以采用以下方法：

①家长会议：定期举行家长会议，教师可以与家长讨论学生的表现、进步和需要改进的方面。这种对话有助于建立积极的家校合作关系。

②家庭作业反馈：教师可以要求家长协助孩子完成具有探究性的家庭作业，并提供反馈。这有助于家长更明确地了解孩子的学习需求。

③学生学习日记：学生可以定期分享学习日记，让家长了解他们在学校的学习和生活。这有助于家长了解与支持孩子的学习兴趣。

④家长问卷调查：教师可以定期进行家长满意度调查，以了解他们对学校和课程的看法，以及对学生学习情况的意见和建议。

3. 评价形式多元化

评价形式的多元化可以在多个方面实现，包括过程性、增值性和终结性评价。

（1）过程性评价

过程性评价关注学生的学习过程，而不仅仅是最终的学习成果。过程性评价涵盖各种学习方式，包括阅读、背诵、写作、口语和书写等。

①阅读评价：学生可以记录阅读日志，包括所阅读的书籍、理解的程度以及对书籍的感想。教师可以定期检查并提供反馈。

②背诵评价：学生可以准备并背诵诗歌、段落或文学作品的片段。教师可以评估他们的背诵技巧、发音准确度和表达能力。

③写作评价：学生可以完成各种写作任务，包括叙述文、说明文、议论文、描述文等。教师可以提供反馈，帮助他们改进写作质量。

④口语评价：教师可定期组织口头表达和演讲活动，评估学生的演讲技巧、语言运用和表达能力。

⑤书写评价：教师可以定期评估学生的书写技巧，包括字母形状、字迹清晰度和书写速度等。

（2）增值性评价

增值性评价关注学生在一段时间内的进步表现。教师可以收集初始评估数据，然后在一段时间后再次评估，以了解学生在这段时间内的成长和进步，通常可以通过比较学年初和学年末的表现、成绩和技能来实现。

（3）终结性评价

终结性评价是对学年末或学期末的学习成果进行的总结性评估，包括期末考试、大作业、口试、书面作品等。这种评价形式用于总结学生在特定时期内的整体表现。

通过结合过程性、增值性和终结性评价，教师可以全面了解学生的语文学习力和进步情况。这有助于教师提供有针对性的指挥，帮助学生改进不足之处。多元化评价方法可以更好地满足不同学生的需求，鼓励他们在语文领域更好地展现自己的能力。

4. 语文评价标准的多样性

具体的语文评价标准可以根据学生的年级和水平来设定。不同年级的学生在语文学习力程度上会有不同的要求，因此评价标准应该根据学生的发展阶段进行调整。

个体差异的接受度：评价标准应该允许不同学生以不同的方式来展示他们的语文能力。这意味着对于一项任务，不同的学生可以采用不同的方法和表现形式来完成，以展现他们的理解和创造力。

分层评估：分层评估的方法是根据学生的不同能力水平，分别设定评价标准。这可以确保每个学生都在适合他们水平的任务上接受评价，并且不会受到不切实际的压力。

多元化的评价体系可以协助教师更好地引导学生，帮助学生打下坚实的语文基础，为学生未来的学习和生活提供强有力的支持，能够使他们更好地应对各种挑战。

二、及时反馈，注重形成个性化指导

教师若想帮助学生摆脱学习困境，除了树立正确的教学观、学生观，正确对待学生外，还应建立及时反馈——矫正机制。及时反馈能帮助教师第一时间掌握学生在学习中遇到的难点，并根据学生的具体学习情况进行有针对性的矫正。反馈评价是课堂教学中不可或缺的一环。教学是一个师生、生生之间的信息交流过程，需要教师深入了解学生的学习状况和需求，并对教学进行相应的评价调节。可以说，没有反馈评价的教学是不完整、不灵活的。

然而，目前课堂教学中的反馈评价存在方式单一、时效性不强、参与者不全面等问题。究其原因，主要是因为部分教师缺乏及时反馈评价的理念和策略，影响了教学效果，也限制了学生的全面发展。通过持续的反馈评价，我们可以了解学生的差异，形成个性化的指导，并根据反馈信息及时评价教学效果，对教学进行调整。教师应在获取学生学习的数据后，立即对学习成果进行评估，并进行必要的改进和纠正指导。学生从教师和同学那里获得反馈评价信息，可以增强信心或改进不足之处。反馈评价在课堂教学中具有重要意义，教师应当做好以下几点。

1. 体现反馈评价的及时性

相关研究表明，及时反馈评价的教学效果远优于隔日反馈，且反馈时间越短越好。

（1）课初了解学生情况：在课堂开始前，教师可以通过提问、小测验或简短的讨论等方式，了解学生的知识和技能准备、学习兴趣以及学生间的差异水平。这样可以为后续的教学提供参考和指导。

（2）关键环节的反馈：在教学过程中，教师应该密切关注学生的反馈信息，特别是在关键环节上。教师可以通过提问学生、观察学生的表情、听取学生的回答等方式，了解学生对重点内容的掌握情况以及存在的疑问和困难。根据学生的反馈，教师可以及时调整教学策略，提供帮助或解答疑惑。

（3）尝试性练习：在课堂即将结束时，教师可以为不同层次的学生设计一些尝试性练习，以检验学生的学习效果。通过这些练习，教师可以及时发现学生的学习问题，并给予必要的指导。同时，教师还可以根据学生的练习结果，进行个别辅导或小组讨论，帮助学生解决困惑。

2. 反馈信息需要具有真实性

在课堂上，学生经常听到诸如"大家听懂了吗"或"这个结果对不对"的提问，然而，这些问题并不能真实地反映学生的理解程度，因此它们是无效的问题。有些教师在公布习题答案后，要求做对的学生举手，而有些做错的学生也会因为考虑面子问题而举手，使数据失真。实际上教师可以先不公布答案，让得出不同结果的学生分别举手，这样就可以避免反馈不真实的情况。也有教师检查作业时，口头询问"背完了吗?""作业完成了吗?"或"都会做吗?"等问题，没有完成任务的学生出于趋利避害的本能，会试图蒙混过关，这种口头的没有落到实处的反馈都是无效反馈。只有确保反馈的真实性，才能将其作为评价学生和调整教学的有效依据。

另外，为了确保反馈的真实性，教学反馈应该具有广泛性，可以采用同桌互查、试卷检测、打手势等方式，而不是只针对学习能力强的学生进行个别提问，这样容易导致以偏概全的情况发生。当然，我们通常会将处于两个极端的学生作为反馈评价的重点对象。此外，教师还需要根据反馈的目的和时机来选择合适的对象。

3. 关注反馈的多向性

在教学过程中，教师需要关注反馈的多向性，以丰富反馈方式。教师也要注重获取信息的渠道多样性，包括提问、作业、讨论等。此外，教师还可以从学生的眼神、面部表情中捕捉反馈信息。教师应针对学生的差异对反馈信息进行综合处理，不仅要反馈学习的结果，更应关注学生学习的过程。只有这样，教师的指导才能有的放矢。反馈不是目的，而是手段。对教学进行相应的多元化评价，并且调节改进才是目的。

4. 基于核心素养的语文教学个性化反馈评价注意事项

（1）更新教育理念

为确保语文课堂个性化反馈评价的顺利进行，教师需不断更新教育观念，为个性化教学评价指明方向。首先，教师需要深度了解和探索课堂环境中基于核心素养的学生个性化发展的最新动向，以此为教学建立稳固的基础。接着，教师应当增加对个性化教学评估的关注度，充分理解个性化教学评估方法的内涵和意义，形成科学的个性化评价标准和系统。最后，教师需要按照科学的个性化评价标准和系统调整对学生的评价方式，将评价焦点从单独关注学习成果转向既注重过程评价又注重结果评价的模式，将学生的学习过程和反馈纳入评价范围内，从而提高学生的积极性，鼓励他们主动参与课堂活动。

（2）提升教学能力

在当前教育环境下，教师不断增强教学技能是至关重要的。学校有必要在教师培训方面投入更多资源，可运用专家讲解、培训研讨等多样化途径来强化和提高教师的个性化教学能力。教师应保持终身学习的热情，通过阅读与语文教学相关的书籍等方法，研究语文教学的个性化评估体系，提高教学水平。同时，教师也应遵循新的教育准则，以教材为基础，整合信息资料和教学资源，坚持个性化评价原则，将理论融入实践，通过真实的数据来判断学生的学习状态和进度，然后进行有效的个性化评估。

（3）升级教学方法

确保个性化的反馈评价在语文教学中有效施行，需要教师更新教学手段，学习更多相关科学理念和科学方法。首先，教师可以采用导学案、微课、合作学习等教学形式实施对学生学习成果的指导和评价，以此提高学生的自学能力，同时扩展学生的学习视野。比如，在团队合作学习期间，教师在给学生分组时要秉持组内有差异、组间无差异的原则，确保每个团队的学习能力都能有所保障。教师可以鼓励学生在开始探究之前先分享自己的观点，然后在此基础上进行讨论和记录。教师可以对讨论结果进行个性化评价，以最大限度地激发学生学习的热情。

5. 基于核心素养的小学语文教学个性化反馈评价案例分析

在授课过程中，教师需要深化自身对分层教学理念的理解，并贯彻实施差别化的教学策略。授课前，教师应依据学生的学习能力、学习方法及学习效果等多元因素，将学生划分为优秀、一般和学习有难度三类，然后根据这三类学生的需求，分配难易适度的学习任务。在课堂上，教师要引导不同类别的学生解答在其能力范围内的问题，并针对个别学生进行评估，同时提供适当的开放性思考题。课后，教师要利用可获得的各种资源，为每个学生布置符合他们水平的作业，并进行有目标的评价，以实现个性化教学的目的。

（1）课前预习，选定方向

首先，作为教师，需要考虑学生的实际情况，根据其个性差异、学习能力统筹规划教学设计，尽量满足他们的个人发展需求。教师可利用智能教学平台完成课堂教学的设计，还可基于教科书的特性设计差异化、分层化和探索性的问题，并设置有关思考能力的评估目标。

例如，在设计《赠刘景文》的教学方案时，教师提前设置了一个问题：春天一般被视为一年中最充满活力的季节，那为何诗人会描述深秋时的残菊傲霜、橙黄橘绿为年度最佳景致呢？设置这个问题是为了推动学生从课堂知识扩展到社会思考，进一步让学生思考苏轼想向他的朋友刘景文传达什么信息。根据学生的回答，就能对学生进行知识积累储备方面的诊断性评估，以此提升课堂教学效果。

当然，除了通过设置问题引导学生思考的方式进行课前预习外，教师还可以利用自制预习微课视频等其他方法来实施，引导学生按照特定的任务进行个性化预习。教师在课前借助相关信息手段检查学生导学案的完成情况，给予学生个性化的学习评价，激发学生的学习热情，还可以根据预习情况调整教学内容，让语文课堂教学取得更好的效果。

（2）课中个性化评价，推进教学

在课堂中进行个性化评价，以推进教学的进程。首先，教师会在课堂上检查学生的预习情况，提出个性化建议指导，并对他们的预习效果进行总结性评价。通过这种方式，教师可以了解学生对课程内容的理解和掌握程度，为后续的教学提供参考。为了展示学生的预习成果，教师可以要求学生自述预习过程和成果，并进行生生互评。这样的互动评价可以帮助学生更好地理解课程内容，并从其他同学的观点中查漏补缺。然后，教师可对学生的预习进行总结性评价，以进一步夯实他们的学习成果。

以《在牛肚子里旅行为例》为例，教师可在课前给学生推送科普视频，让学生了解"反刍"这一概念。接着，学生需要完成预习单，并画出红头在牛肚子里"旅行"的路线图。这样的任务设计可以帮助学生将抽象的概念转化为具体的图像，加深他们对课程内容的理解。在课堂上，教师展示部分学生的作答，并请学生进行互评。这种交互式评估，能够加深学生对课程主题的理解。通过课堂评估，教师能够即时把握学生的学习进度，并依据评估结果做出合理的教学调整。这种教学方式真正让学生做到了"先学于教"，即在教学开始之前就已经开始学习和思考。这不仅可以提升学生的学习效果，还能促进他们的思维能力和自学能力的发展。

（3）课后延伸，反思效果

在课程结束后，教师可以根据所教授的课程内容给学生提供有针对性的阅读资料，学生就能够根据他们自身的需求去进行深入的学习。

以部编版三年级上册《秋天的雨》为例，教师可以布置阅读任务，让学生自主阅读，并运用课堂所学的方法思考，引导学生将课堂所学的技巧延伸至课外，拓展学生思考的广度与深度。另外，教师可以利用课后作业平台发布探索作业，对每位学生进行个性化的评价，借此机会审视教学过程中的疏漏。

此外，教师可以根据每个单元的语文要素和人文主题推荐个性化的阅读书目。以《秋天的雨》所在的第二单元为例，该单元的人文主题为"金秋时节"，语文要素为理解难懂词语的多种方法，推荐的个性化阅读书目包括《一片叶子落下来》《金波四季童话秋天卷》《金子美铃诗集：向着明亮那方》《田鼠阿佛》等。在教学过程中，教师可以根据学生的学习情况和兴趣特点，为他们提供一些个性化的拓展阅读资源。例如，对于喜欢自然科学的学生，可以推荐一些关于植物、动物或天气的书籍；对于喜欢历史的学生，可以推荐一些关于古代文化或历史事件的书籍。这样的个性化推荐，可以激发学生的学习兴趣，提高他们的阅读能力和知识水平。

三、鼓励学生主体参与评价设计

学生作为教育的接受者，是教学实践活动的主要参与者，他们对教学过程有着最直观的感知和评价。换个视角来看，学生对他们的学习有着最直接的话语权。教师应该清晰地了解到：教育的终极目标就是推动学生的全方位成长。学生是发展的主体，教师应该充分地发挥学生的主动性，了解学生的思想，重视和给予学生主体参与评价设计的权利。

在语文课堂中，教师可以将教科书作为基础，结合相关资讯，引导学生主体参与评价设计。根据学习目标，可以选择自学、团队探讨、共享交流，以及互评或自评的方式，来确定学生的长处和短板，并在此基础之上给出具体、有针对性的改进方案，以促进学生的成长。这种方法能增强学生的理解能力、辩论能力和自学能力，不仅有助于稳固已有知识，也有助于培育反思意识，推动学生的持续发展。因此，在教学过程中开展自评活动是践行"以学生为中心"的教育理念的关键之举。为了在课堂上让学生顺利地进行自评，教师应注意以下几点。

1. 激发评价意识

在教师的有意培养下，学生自我评价的意识会逐渐得到塑造。教师需要主动激发学生的评价意识，倡导学生积极参与学习活动并进行自我评价。

（1）提供多样化的评价方式

鼓励学生采用多种评价方法，如自评、同伴评价、教师评价等，以全面了解自身的学习情况。同时，鼓励学生参与评价标准的制定，以提高他们的积极性。

（2）创设情境式评价环境

设计生活化、贴近学生生活实际的情境。教师可以根据课程内容，设计一些与学生的生活密切相关的情境，让学生在实际操作中进行评价。例如，在学习课文时，可以让学生通过角色扮演的方式，对课文中的内容进行评价。

【教学设计片段】

《青蛙卖泥塘》

小组合作，完成学习单

接下来泥塘又会发生什么故事呢？请自主学习第10自然段，以小组为单位完成学习单。（计时3分钟）

1. 先找关键段，再找关键句进行圈记，这样速度会更快！

2. 请仿照汇报句式来说一说！

动物名称	提的建议	青蛙的做法
老牛	没有草	种草
野鸭	水太少	引水
小鸟	缺点儿树	栽树
蝴蝶	缺点儿花	种花
小兔	缺条路	修路
小猴	盖所房子	盖房
小狐狸	……	……

汇报句式：老牛说泥塘没有草，于是青蛙种了草。

3. 学生上台汇报学习成果。（一人说，另一人改造泥塘）

4. 发挥想象力，小狐狸会说些什么呢？如果交换顺序，小鸟说这里缺条路，行吗？

引导学生进行故事创编，既要大胆又要合理。

经过改造后，泥塘发生了翻天覆地的变化，可它依然没有卖出去，青蛙只得继续吆喝。播放青蛙吆喝的视频。

5. 青蛙还卖泥塘吗？为什么？

6. 小结：你们瞧，青蛙靠自己勤劳的双手和智慧，改变了身边的环境，改变了生活，老师相信你们也能用劳动来创造美好生活。

创设情境，分角色扮演

1. 看到这么勤劳的青蛙，这么有趣的故事，森林剧场的工作人员想把这个故事搬上舞台。接下来我们就演一演《青蛙卖泥塘》这个片段吧。森林剧场对小演员可是有要求的：

> 台词关：能用动物的语气说话。
> 表演关：能用动物的动作和表情进行表演。

2. 同学之间互相商量怎么表演。

3. 学生上台表演

4. 其余学生根据台上同学的表现给予评价，并说明评分的理由，出示大众评审表。

大众评审，请评分

语言	动作	神态	情节完整
☆	☆	☆	☆

几颗星就比几个手指头，最高分四颗星。

在这一环节中，当其他学生沉浸于观察表演者的语言、动作、神态时，就能够自然而然地积极参与课堂评价。

相关研究表明，在轻松、公正、和睦且民主的环境中，学生们的思维会更加活跃，并会主动地参加各类活动。每一个孩子的内心深处都充满了强烈的欲望，就是期待自己能成为探寻者、研究者和冒险者。因此，教师应当积极营造以学生主观评价为导向的学习环境，培育他们敢于质疑和表达观点的精神。

（3）与其他学科相融合

在教育过程中，我们应该将语文学科评价与其他学科如数学、科学、艺术等进行有机结合，让学生能够在多个领域都得到全面的锻炼和提高，从而提高他们的综合素质和能力。

首先，将语文学科评价与数学相结合，可以培养学生的逻辑思维能力以及解决问题的能力。在解决数学问题时，学生需要运用语文知识来理解题目要求，分析问题关键所在，并找到解决问题的方法。此过程不仅可以强化学生的语文技能，同时也能增强他们的逻辑推理以及分析问题的能力。

其次，将语文学科评价与科学相结合，可以提高学生的观察力与表达能力。在科学实验中，学生需要用准确的语言描述实验现象和结果，这对他们的语言表达能力提出了较高的要求。同时，科学实验也需要学生具备并不断提高观察力和分析能力，而这些能力正是语文学科所强调的核心素养之一。

综上所述，将语文学科评价与其他课程内容相结合，可以使学生在多个领域都能得到锻炼和提高。这种综合性的评价方式有助于培养学生的综合能力，使他们在未来的学习和发展中更具竞争力。因此，教育工作者应该积极探索将不同学科评价有机融合的方法，为学生提供更全面、多元化的教育环境。

4. 赋予学生评价的主导权

（1）给予充足的时间和空间

为了鼓励学生参与评价，教师应在课堂上确保学生有足够的时间和机会表达观点。教师作为教育者，必须尊重每个学生的个人特色、积极性和差异性，并给予他们在课堂上展示自我的机会，以激励每个孩子积极参与课堂学习。老式的教学方法通常会在教师和学生的问答部分花费过多的时间，导致学生只能被动地接受知识，这是教师需要改进的教学现状。

例如，在教授《山行》这首诗时，学生对于"远上寒山石径斜"这句诗中"斜"的发音有不同的认识，教师就此安排了一次课后讨论，让学生自行查找相关资料，共同讨论、交流、辩论。通过这样的活动，鼓励学生主动参与学习，真正成为学习的主人。

（2）教师要学会"倾听"

在进行团队讨论或是全体讨论时，许多学生能够坦然无畏地表达他们的感触、看法和立场，而不受限于教师给出的标准答案。因此，课堂上会出现各式各样的观点，引发激烈的辩论，甚至可能会产生一些教师无法预见的"创新观点"。然而，如果教师用权威压制这些"创新观点"，并以教师自身的标准答案作为最终评判，将会限制学生的思维，削弱他们的求知欲、探索欲和创新精神。因此，教师在课堂上可适时"舍弃权威"，让学生敢于自由表达自我。

例如，在讨论《卖火柴的小女孩》这个故事时，教师问：你们觉得小女孩离开对她来说是件幸福的事情吗？大家都齐声回答是幸福的事情，可是却有一个同学猛然冒出一句：我觉得不是。这个答案让教师感到了些许手足无措，于是教师机智地将问题扔给学生们，询问他们对这位同学的观点有何见解。大家开始纷纷发表意见，课堂气氛也随之热烈起来。

3. 指导评价方法

教师在教学过程中，应当对学生进行详细的评价方法的指导。合适的评价方法能帮助学生更加深入地理解和掌握知识，并提升学习效果。同时，这也有助于促进学生的评价能力的发展，使他们能够独立、准确地对学习过程和结果进行评价。

（1）确立课堂评价的规范

　　对学生而言，评价是一种全新的挑战。构建一套完善的课堂评价规范，有助于学生快速掌握评价方法。评价的准则主要涵盖"倾听""深思""评析"以及"修改"。"倾听"对学生的要求是专心地听取对方的言论，这是进行评价的基石。"深思"是指学生对他人观点进行思考，并恰当地使用评价语言。至于"评析"，便是依照既定的评价准则来进行评定。"修改"就是对他人的反馈的开放接受。构建完善的课堂评价规范并引导学生接受和掌握，学生的评价内容将会更加具体、丰富和针对性。

　　（2）有理有据，以理服人

　　学生需要掌握自我评价和同伴评价的正确方法，只有这样才能明了自身在学习过程中的行为模式、采取的学习策略和态度。因此，对学生的评价需要做到严谨客观，以事实说理。以"公交车出行计划"为例（部编版语文六年级上册第六单元语文园地），教师设定的情景是：小林同学住在温泉镇，他期望在早上九点之前抵达位于宋家洼的祖母家，与舅舅一同去爬山。请问他应如何乘车最为适宜？（呈现公交车路线图）。通过学生们的热烈讨论，最后各组找到了三种可能的路线，并通过相互评价选出最优路线，并解释了选取的原因。在评比的过程中，各组都发现了自己的短板，同时也发现了自己的亮点，在最后达成了一致的观点，找到了最好的路线。因此，基于事实的自主评价能帮助学生更加准确、更深层次地理解课文，从而实实在在地提高语文学习力。

　　（3）多角度评价，客观评价

　　在评价事物时，往往需要从多个角度进行全面的分析和评估。这是因为事物往往存在着不同的方面，而这些方面相互影响、相互作用，就形成了事物的全貌。因此，在指导学生进行评价时，教师应引导学生运用"一分为二"的观点来看待问题，即从正、反两个方面去思考和分析。

　　首先，公正地评价自己和他人的长处和短处尤为重要。每个人都有自己的优点和长处，同时也存在着一些不足之处。通过客观地评价他人的优缺点，可以帮助我们更好地认识他人，了解他人的特点和潜力。同时，对自己的评价也是必不可少的。只有认清自己的优势和不足，才能有针对性地改进和发展自己。

接下来，教师应引导学生不仅要关注已经获得的进步，也要坦然面对现有的不足。在评价过程中，教师要充分肯定学生所取得的进步和成就，这可以增强学生的自信心和动力，激发他们继续努力的积极性。同时，教师也要激励学生拿出勇气直面现存的问题和挑战。唯有勇敢面对，才能找出解决问题的策略和方法。

最终，教师应引导学生对他人、对自己提供实质性的、有针对性的改良建议。在进行评价时，不仅要关注整体情况，还要深入分析具体的问题和细节。对于他人的评价，要提出建设性的意见和建议，帮助他们发现自己的不足之处，并提供相应的解决方案和支持。对于自己的评价，要明确指出需要改进的地方，并制定具体的行动计划，以便逐步提高和完善自己。

总的来说，进行全方位的评估和公正的价值判断对于提升学生的整体理解能力和批判性思维至关重要。通过鼓励学生采取"二元视角"来分析问题，公正地对他人和自己的优点和缺点进行权衡，并提出明确的改进建议，可以推动他人和自身共同进步。这样的评价方法不仅有助于学生的成长和发展，也能够培养他们的独立思考和判断能力，使他们在未来的生活和工作中能够更加积极、客观地面对各种问题和挑战。

激励学生积极参与课堂评估，能够点燃他们对知识的渴望，促使他们自发地学习和积极地探寻，提升课堂教学的效果。同时，这也有助于塑造学生健全的人格特质，培养他们独立自主的个性品质。因此，教师应带着"发现进步"的视角观察学生，表扬学生的每一个进步，让他们获得成就感，体验到个人的价值。

第五章 结 论

第一节 语文学习力提升教学策略的总结

一、学习兴趣培养的总结

学习兴趣是学生进入深度学习、探究与成长的根本前提，教师可在实践教学中以多元化手段和个性化教学方式，通过激发学生对学习的兴趣和渴望，增强他们的学习动机。

首先，教师通过设置学习目标，让学生明确自己的学习目标并给予学生一定的激励；通过提供个性化的学习任务，根据学生的兴趣和需求设计差异化的学习任务；通过提供及时的反馈和奖励，帮助学生获得成就感和满足感。教师在实际教学过程中对学生的学习动机进行强化，学生的学习兴趣就能得到明显的增强。学生明确了自己的学习目标，并感受到取得进步和成就所带来的自豪感后，对学习的态度会变得更加积极主动，对学习的投入度和学习动力也会明显提升。他们会愿意主动参与课堂活动，积极思考问题，主动提出自己的观点和疑问。同时他们不仅愿意在课堂上学习，也会主动进行课外的阅读和研究，进一步拓宽自己的知识面。

其次，创设真实情境也是一种有效培养学生兴趣的方法。通过创设真实的学习情境，使学生能够将语文知识和技能应用于解决实际生活中的问题。教师在实际教学中通过引入真实的案例和问题，让学生在学习过程中直接面对和解决真实的问题；通过组织实践活动，如社区调研、实地考察等，将学习与实际情境相结合；通过鼓励学生参与合作学习和团队项目，进而激发学生的集体荣誉感，提高学生对语文学习的兴趣。总体而言，教师通过创设真实学习情境，使得学生的学习兴趣得到了有效提升。学生在面对真实案例和问题时，能够积极主动思考和解决问题，体验到语文知识的实用性与价值，并在实践中获得成就感。实践活动的开展使学生能够将所学知识应用于实际情境中，增强学习的趣味性和可操作性；同时，合作学习和团队项目的开展也为学生提供了与同伴互动、共同探究的机会，增强了学生的学习动力和合作意识。

二、阅读能力培养的总结

首先，教师能够依托多元化教学方法鼓励学生主动参与阅读，并培养他们的独立思考、分析和理解能力，其中包括设置一定的阅读目标、提供多样化的阅读材料、推荐优质的文学作品等。通过这个策略，学生能够根据自己的兴趣和需求选择适合自己的阅读材料，增强对阅读的积极性和主动性。同时，自主阅读也能够提高学生的阅读速度和阅读理解能力，培养批判性思维和综合运用语言的能力。经过一段时间的实施，我们可以观察到学生的自主阅读能力的提升效果，一方面，学生的阅读量会有明显增加，他们有更多的机会接触不同类型的文本，积累了更多的知识和经验；另一方面，学生的阅读速度也会得到提高，能够更快地获取信息并理解文本的含义。最重要的是，学生的阅读理解和表达能力也有了明显的进步，他们能够准确把握文本的主旨，提炼关键信息，并且运用恰当的语言表达自己的观点和想法。

其次，学法指导课策略的有效实施，重点针对学生差异，对学习方法进行指导和调整，制定差异化学法策略，并在实践过程中给予引导，以提高他们的阅读能力。在学法指导课中，教师通过教授阅读的基本技巧、理解策略和解决问题的方法，引导学生掌握高效的阅读方法和技巧。学生能够掌握针对不同类型文本的阅读策略，掌握提取关键信息和分析问题的技巧，并学会合理安排阅读时间和计划。同时，教师还可以针对学生的具体情况进行个性化指导，帮助他们克服阅读中的困难，提升阅读的效果。学法指导课策略的实施对学生的阅读能力提升产生了积极的影响。其中，学生的阅读方法变得更有针对性，学习效率也会有较大幅度的提升，他们可以更好地把握文章结构和作者意图，提炼核心信息。另外，学生的问题解决能力得到了加强，在阅读过程中遇到问题时能够更快找到解决方案，提高自己的综合应用能力和思辨能力。

三、思维能力培养的总结

思维能力是一个学生语文素养形成的关键要素，而思维能力的培养方式有很多，如利用多媒体资源丰富直觉形象思维、逻辑辩证发展理性思维，以及专题讨论鼓励发散创新思维等。

首先，在多媒体资源的使用中，教师以图像、视频、音频等具体材料展示的形式，激发学生的直觉形象思维，帮助学生获得丰富的感性经验，提升他们思维的灵活性，帮助学生更好地通过观察、联想来解决问题，培养学生的观察和探究能力。

其次，在实际教学中，教师可通过案例分析、辩论和问题解决等活动，引导学生运用逻辑推理和批判性思维去分析问题、提出观点、辩证思考，从而培养和增强学生的辩证思维和理性思考能力。这种策略能够使学生更加注重思考问题的逻辑关系和因果关系，促进学生形成全面、客观的思维方式。另外，教师可以通过开展专题讨论活动的方式引导学生进行开放性讨论，鼓励学生发展发散性思维和创新思维。在讨论过程中，教师可以引导学生提出各种不同的观点和解决方案，培养他们的扩展思维和创造性思维能力。

以上教学策略的实施对学生思维能力的培养和提高卓有成效。学生在直觉形象思维、理性思维和创新思维方面都会有明显提高，能够更好地运用多媒体资源进行学习，增强对知识的理解和应用能力；在逻辑推理和辩证思维方面更具条理性和准确性，并且在解决问题和表达创新观点方面展现出越来越强的能力，激发了学生的思维活跃性和创造性，促进了他们的思维能力的全面发展。

四、探究能力培养的总结

自主探究能力是提高学生自学能力和学习兴趣的关键要素，同时也是验证知识学习深度和广度的基础。在基于核心素养的语文教学中，提升学生探究力的策略主要包括建立小组合作探究的机制、设计贴近生活的活动以及拓展数字化学习的资源等。教研结果显示，在参与小组合作探究和贴近生活的活动时，学生会更加主动，并且愿意提出问题，思考解决方案，也就是说，他们拥有更强的自我驱动能力，在学习中表现出更高的积极性和主动性。小组合作机制的建立有助于培养学生的合作与团队精神。学生在小组中互相交流、协作，并分享各自的思考和观点，也有利于集体智慧的形成。贴近生活的活动让学生置身于真实情境中，教师也更容易引导学生学会观察、收集、整理和分析所获取的信息，从生活中的事物和现象中发现问题，运用逻辑思维进行推理和分析，培养批判性思维和解决问题的能力。数字化学习资源的拓展使学生可以更广泛地获取多样化的信息，让他们能够快速学会利用搜索网站、在线平台等工具进行信息检索，扩展学习的深度和广度，引导学生独立阅读、理解和分析各种文献和数据，提高信息加工和整合的能力。

以上策略对提升学生探究能力成效显著，可以有效地激发学生的学习兴趣和积极性，培养学生的合作精神、观察力、分析能力和信息处理能力。这些策略不仅有助于学生在语文学习中取得更好的成绩，还能为他们未来的学习奠定坚实的基础。

五、表达能力培养的总结

在语文教学中，语言表达能力是学生语文素养中的关键要素。培养语言表达能力的方法主要包括口语表达能力训练和学生自由写作引导及隐性调控等。结果显示，在实践教学中，这些方法对培养学生表达能力效果显著。

首先，口语表达能力训练旨在提高学生在语言交流中的表达流畅度和准确性。通过口语表达能力训练，学生的表达能力能够得到明显提高，他们在口语表达活动中逐渐掌握有效的表达技巧和策略，能够自如地组织语言，清晰地传达自己的想法和观点。此过程也会增强他们的自信心和表达自我的能力。

其次，学生自由写作引导及隐性调控能激发学生的创造力和表达能力。在实践教学中，通过提供主题和素材、思维导图以及范文和指导的方式，可以有针对性地培养学生的表达能力。学生在写作时的思考和构思，也可以让学生逐渐培养自己独特的表达方式和创造力。教师引导他们在作文中有条理地陈述观点，运用丰富的词汇和句式进行表达，使作文更加生动和具有感染力。同时，通过学习范文，学生能够从中学习优秀的表达方式和写作技巧，并加以吸收和运用。

六、评价能力培养的总结

学生评价能力培养依托于评价效能策略的深入实施，其中包括多元化评价和过程性评价体系的建立、及时反馈注重形成个性化指导和鼓励学生主体参与评价设计三个层面。

首先，多元化评价使教师能够更全面地了解学生的学习情况，从不同角度评价学生，而学生在多样的评价形式中也得到了锻炼，面对各种不同的评价要求，提高了灵活应对和反思的能力。过程性评价注重学生在学习过程中的表现和能力发展，使学生更加关注学习的过程和方法，能够增强他们的自我监控和自我评价能力。

其次，通过及时反馈注重形成个性化指导，学生的评价能力得到了提升。及时反馈能够让学生及时了解自己在学习中的表现，对自己的优点和不足有清晰的认识。这样的反馈使学生更容易接受、理解和应用，从而更快地改进和提升自己。个性化指导能够帮助学生更好地发现自身问题，并有针对性地给予解决方案和改进建议，能给学生提供更具体、直接、实用的指导，学生也能更好地调整学习策略和方法，提升学习效果、提高评价能力。

此外，学生主体参与评价设计使他们更加理解评价的目的和标准，通过参与评价的制定和执行，学生能够更好地理解评价的过程和要求，形成自己的评价观念和方法；学生可以更加客观地评价自己和他人，提高评价能力和判断力。通过与教师和同伴的互动和讨论，学生能够更全面地考虑问题，更准确地评价自己和他人的学习表现，进一步提升评价能力。

第二节　结　语

学生学习动机强化策略在培养学习兴趣方面能够取得显著的效果。通过设定学习目标、个性化学习任务和提供及时反馈与奖励，学生的学习动机得到了有效激发，表现出更高的学习主动性和参与度，并且对语文学科产生了浓厚的兴趣。这种学习兴趣的培养有助于提升学生的学习效果和成绩，同时也为其未来的学习打下了良好的基础。在语文教学中，学生在真实的学习情境中能够积极主动地运用所学知识解决问题，并获得实际经验和成就感，实践活动和合作学习的开展也为学生提供了更加丰富和多样化的学习体验。这种基于真实情境的学习兴趣培养策略有助于激发学生的学习热情，促进他们全面发展和提高语文学习力。

学生自主阅读能力培养策略和学法指导课是有效且有价值的。其中，学生自主阅读能力培养策略可以激发学生对阅读的兴趣，培养他们的阅读习惯和技能，进而提高他们的语文素养。学生能够在自主阅读过程中获得更广泛的知识，增强思维能力和语言表达能力，对于提升阅读能力有着积极的影响。而学法指导课的实施，能够帮助学生培养良好的阅读习惯和方法，更好地掌握阅读技巧和策略，进一步提升阅读能力。

对于学生思维能力提升的实施策略而言，多媒体资源丰富直觉形象思维的策略帮助学生从感性层面接受和理解信息，激发学生的联想和想象力，培养学生的观察能力和深度思考能力。逻辑辩证发展理性思维的策略通过引导学生运用逻辑推理和批判性思维，培养学生的分析和推理能力。专题讨论鼓励发散创新思维的策略则促使学生主动思考，勇于表达自己的观点，培养学生的扩展思维和创造性思维能力。这些策略的有效实施可以提高学生的思维能力，使他们在语文学习中更具思辨能力、创新能力和表达能力。通过更加深入的思维训练，学生的学习兴趣和主动性也会得到提升，有助于他们更好地应对学习和生活中的各种挑战。而这些教学策略也可以适用于各个年级和不同学科的教学，教师可以根据具体的教学内容和学生的特点灵活运用这些策略，使学生不仅掌握知识，思维能力也能得到提升。

对于学生探究能力提升的实施策略而言，前面章节提到的建立小组合作探究机制、设计贴近生活的活动、拓展数字化学习资源等策略都在语文教学中起到了积极的作用。小组合作探究机制的建立促进了学生之间的互动和合作，培养了他们的团队合作能力，同时引导学生开展自主探索与研究，提升了探究能力和思维能力。设计贴近生活的活动激发了学生的学习兴趣和主动性，提高了他们的观察和辩证思考能力。数字化学习资源的拓展丰富了学生的学习资源，培养了他们跨学科思维和创新能力。需要注意的是，在实施过程中，教师需要合理设计学习任务并引导学生讨论与探究，以确保学生语文学习与探究的深度和广度，进一步增强学习效果。另外，教师还应关注学生的个体差异，根据不同学生的实际情况进行灵活指导和支持，使每个学生都能受益于探究学习。除了对学生探究能力培养过程的评价外，还要引入综合评价的方法，如成绩评定、项目展示、口头报告等方式，全面考察学生的探究能力的发展情况。

对于学生表达能力提升的实施策略而言，前面章节提到的口语表达能力训练和学生自由写作引导及隐性调控这两种方法能发挥关键性作用。口语表达能力训练培养学生在交流中的语言流利度和准确性，而自由写作引导及隐性调控则能够激发学生的创造力和表达能力。这些策略的成功实施，使学生能够更好地应用语文知识，提高综合素养和语文学习力。在实施表达能力提升策略时，教师应了解学生的口头表达能力水平，并根据不同学生的情况制定个性化的提升计划。另外，教师需要针对学生的表达障碍进行分析和诊断，如词汇量不足、语法错误等，并采取相应的教学方法和策略来帮助学生解决这些问题。此外，教师应注重对学生的表达能力进行评估和反馈，及时发现问题并给予指导和支持。

对于学生评价能力提升而言，前面章节论述的实施策略能使学生的评价能力得到有效提升，他们能对自己的学习情况有更清晰的认识，并能够合理评价自己的学习水平和取得的进步。另外，学生的学习动力也会得到强化，因为他们知道自己的努力和成绩会被客观评价和认可。此外，学生的自主学习能力也会得到提高，他们能够根据评价结果调整学习策略和方法，更好地适应学习需求。通过评价过程中的反馈与指导，教师可以及时发现学生的问题和困难，并提供相关支持和帮助，促进学生的全面发展和成长。在实施发挥评价效能策略的过程中，教师应明确评价的目标和标准，确保评价的准确性和客观性；关注评价的过程，确保评价是全面、多样化的，能够涵盖学生的各个方面的能力和表现；要注意给予及时反馈和指导，帮助学生根据评价结果及时改进学习方法；注重培养学生的自我评价和互评能力，让学生能够主动参与评价过程，提高自我管理能力；要持续关注评价策略的效果，不断进行反思和改进，确保评价策略的有效性和可持续性。

结束语

　　培养学生的语文学习力、提高课堂实效性的途径还有很多，这是一个循序渐进的复杂工程，光靠教师单方面的力量是远远不够的，还需要教育专家、学校管理者和家长的共同努力。希望本书所做的此项研究能起到抛砖引玉的作用。相信在学校、教师和家长的足够重视和长期共同努力下，学生的语文学习力一定会有很大程度的提高。

参考文献

［1］中华人民共和国教育部. 义务教育语文课程标准［M］. 北京：北京师范大学出版社，2022.

［2］《语文建设》编辑部. 语文学习任务群的"是"与"非"：北京师范大学王宁教授访谈［J］. 语文建设，2019（1）：4-7.

［3］柯荣蓍. 小学语文教学中学生自主阅读能力提升策略探究［J］. 长江丛刊，2017（35）：68.

［4］卢思. 基于课外阅读的小学生自主学习能力的提升策略［J］. 科学咨询，2021（8）：241.

［5］程星. 小学语文教学中学生自主阅读能力的提升策略［J］. 互动软件，2020（6）：2627-2628.

［6］高艳明. 核心素养视域下小学语文群文阅读教学策略［J］. 小学阅读指南，2023（24）：35-37.

［7］唐可焱. 加强阅读指导提升思维能力［J］. 小学阅读指南，2023（23）：48-50.

［8］李艳敏. 初中语文的阅读学法指导［J］. 情感读本，2018（18）：46-47.

［9］王红. 新时期如何搞好小学阅读学法指导［J］. 软件（教育现代化），2017（1）：276.

［10］刘薇，卢鑫. 项目式学习：《水浒传》教学路径探幽［J］. 中学语文教学参考，2023（32）：63-65.

［11］陈丽君. 基于单元进阶式学习的语文群文阅读策略探微：以五年级上册第三单元民间故事单元为例［J］. 成才之路，2023（24）：89-92.

［12］倪愿茹. 新课标背景下小学语文教学中学生逻辑思维和辩证思维能力的培养［J

新课程导学. 2023（24）：51-54.

［13］王芳. 小学语文培养逻辑思维的路径［J］. 小学语文，2022（4）：37-41.

［14］付振燕. 基于思维力提升的语文教学基本策略［J］. 教学管理与教育研究. 2020，5（6）：31-33.

［15］李庆平. 创新思维能力的培养，语文教学改革的崭新境界［J］. 初中语文部编版，2018（1）：156-156.

［16］王志峰. 浅谈在初中语文教学中学生创新思维能力的培养［J］. 初中语文部编版，2018（5）：183-238.